Rolf Michaelis

Uniformen der Waffen-SS

- Feldgrau
- Tarnbekleidung
- Winterbekleidung
- Tropenbekleidung
- Sonderbekleidung
- Abzeichen

Edition Zeitgeschichte

Titelseite: Das kolorierte Hauptfoto unten zeigt Angehörige der Waffen-SS im Westfeldzug mit der für das Jahr 1940 typischen Ausrüstung: Tarnjacken und Helmbezug im Platanenmuster, Stiefelhose und Knobelbecher. Am Koppel befindet sich unter anderem der Gasmaskenbehälter mit der daran befestigten Gasplane und das Seitengewehr. Die Lederriemen sowie die Metallbehälter im Vordergrund weisen die Soldaten als 5-cm-Granatwerfer-Trupp aus. – Links über diesem Foto ist der Träger eines Ledermantels für Führer zu sehen, oben links der Landesschild Kroatien und daneben der Landesschild Niederlande. Darunter ist das Edelweißabzeichen für Gebirgseinheiten der Waffen-SS abgebildet.

Bibliographische Information der Deutschen Bibliothek
Die Deutsche Bibliothek verzeichnet diese Publikation in der Deutschen Nationalbibliographie; detaillierte bibliographische Daten sind im Internet unter www.dnb.de abrufbar.

Lizenzausgabe des Michaelis-Verlages, Postfach 950164, 12461 Berlin
Das Buch erschien in der Originalausgabe mit dem Titel
„Die Waffen-SS. Uniformen und Abzeichen".

ISBN 978-3-942145-46-6

Edition Zeitgeschichte
Postfach 52, D-24236 Selent

Gedruckt in der Europäischen Union

Einführung
Introduction

1) Der Soldat ist kenntlich gemacht durch die Uniform, die er trägt. Sie ist sein Ehrenkleid. Das Wort Uniform drückt aus, daß es sich um den gleichmäßigen Anzug handelt. Daher sind alle einschlägigen Vorschriften und Bestimmungen[1] über die Anzugsordnung ebenso zu beachten und zu befolgen wie alle anderen Befehle.
2) Unrichtiger, unvollständiger oder vorschriftswidriger Anzug ist der Beweis, daß die vorgesetzten Führer ihren Dienst nachlässig versehen, ihre Untergebenen nicht richtig und erschöpfend belehrt, erzogen oder kontrolliert haben…
3) Außerhalb der Unterkunft ist der Soldat stets vollständig angezogen. Das Herumlaufen außerhalb der Unterkunft mit aufgekrempelten Feldblusen- oder Hemdärmeln, das im Feld am Platz ist, wird hiermit verboten. Die Sommerhitze ist vorbei, daher ist in und außer Dienst stets die Feldbluse zu tragen; Hemd allein genügt mir nicht.
4) Außerhalb der Unterkunft, beim Heraustreten zum Dienst, zum Ausgang usw. ist der Soldat stets sauber gewaschen, hat gereinigte Fingernägel, ist rasiert. Die Kopfhaare sind vorne auf Streichholzlänge geschnitten, seitwärts und rückwärts kurz gehalten. Bärte im Gesicht gehören der Vergangenheit an.
5) Der in der Truppe innewohnende Geist zeigt sich in der Haltung, im Auftreten, im Anzug und im Benehmen der Führer, Unterführer und Mannschaften. Sie sind ein Spiegelbild des tatsächlichen Wertes der Truppe und ein Maßstab für die zu erwartenden Leistungen vor dem Feinde!

1) The soldier is identified by the uniform he wears. It is his livery of honour. The word uniform itself expresses that it is a standardised outfit. Thus it follows that all relevant rules and regulations[2] concerning the dress code are to be treated and followed like any other command.

2) If the attire is incorrect, incomplete or against regulations, it clearly shows that the superior officers have neglected their duties or have not instructed, educated or controlled their subordinates correctly or in full detail…

3) Outside quarters the soldier is fully clothed at all times. Going about outside quarters in rolled-up battle dress or shirtsleeves which can be suitable in the fields, will be strictly forbidden from now on. The summer heat is over, therefore the uniform jacket is to be worn on and off duty, the shirt alone is not acceptable for me.

4) Outside quarters, on duty, on pass and in any other situation, the soldier is always clean, has clean fingernails and is clean shaven. The hair is cut to match length (2 inches) in front, short on back and sides. Beards on the face are a thing of the past.

5) The spirit of the troop shows in the posture, the appearance, in the attire and behaviour of the Führer (officers), the Unterführer (NCO's) and the men. They are a reflection of the real values of the troop and a standard for the performance which is to be expected in the face of the enemy!

---

[1] Hierbei handelte es sich vor allem um das Verordnungsblatt der Waffen-SS (V. Bl. d. Waffen-SS), das SS-Befehlsblatt sowie die SS-Dienstvorschriften.

[2] *usually the Verordnungsblatt of the Waffen-SS (V. Bl. d. Waffen-SS), the SS-Befehlsblatt and the SS-service regulations (all regulation papers of the Waffen-SS)*

6) Die Versorgungslage am Ende des 5. Kriegsjahres läßt es nicht mehr zu, friedensmäßige Gleichmäßigkeit überall herbeizuführen. Die Gleichmäßigkeit ist jedoch innerhalb der Verbände der Division durch sinnvollen Austausch so weit als eben möglich anzustreben…
7) Sämtliche Führer müssen im Besitz der vorgeschriebenen Bekleidungs- und Ausrüstungsstücke sein. Zu deren Beschaffung haben sie die Einkleidungshilfe erhalten…

– so lautet ein Befehl der 15. Waffen-Grenadier-Division der SS (lettische Nr. 1) vom 9. September 1944.[3] Er macht deutlich, welchen Stellenwert die Uniformierung auch noch zum Ende des 2. Weltkrieges hatte.

Zeigte sich das Deutsche Reich seit 1933 auch im zunehmenden Maße als eine Nation der Uniformträger, so hatte die Uniformierung gerade bei Himmler – seit 6. Januar 1929 Reichsführer-SS – eine ganz besondere Bedeutung. Zahlreiche Verordnungen in dem seit 1932 erscheinenden SS-Befehlsblatt weisen darauf hin. Als es ihm drei Jahre später gelang, durch einen Konsens mit dem OKW, eine bewaffnete SS-Verfügungstruppe aufstellen zu dürfen, achtete er im Besonderen darauf, daß sich diese äußerlich vom Heer unterschied.

Neben einigen prägnanten Abweichungen im Schnitt, zeigte sich die neue Felduniform auch in einem anderen – erdgrauen – Farbton. Da Himmler jedoch die rasch ansteigende Zahl der bewaffneten SS-Verbände (ab 1940 als Waffen-SS bezeichnet) nicht mehr mit den eigenen Uniformen ausstatten konnte, wurden bereits 1936/37 zahlreiche Bekleidungsstücke der Wehrmacht übernommen. Um trotzdem alle SS-Verbände gleichmäßig aussehen zu lassen, übernahm die Schutzstaffel bei der künftigen Fertigung ihrer Uniformenteile das Feldgrau des Heeres. Himmler versuchte die Zugeständnisse als einen vorübergehenden Kompromiß darzustellen und betonte die Eigenständigkeit der SS-Uniformierung. So veröffentlichte das Kommando der Waffen-SS 1940:[4] „Die Herstellung und Trageweise der grauen Feldbluse, des Mantels und der Feldmütze der Waffen-SS unterscheiden sich stark von den Heeres-Vorschriften. Sie gehören zur SS, wie in den RFSS-Befehlen vom 12. Dezember 1939 und vom 10. Mai 1940 niedergelegt.

Die zusammengestellten Befehle in den Heeresverordnungsblättern und den Allgemeinen Heeresmitteilungen (siehe H. V. Bl. Teil C, Blatt 26, Ziffer 1007) sind gegenstandslos für die Waffen-SS."

6) According to the supply situation at the end of the fifth year of war, it is no longer possible to maintain the uniformity everywhere as in times of peace. This uniformity, however, should be striven for through sensible and efficient exchanges inside the units of the division as far as possible…
7) All Führer have to be in possession of the regular pieces of clothing and equipment. To obtain these, they have received clothing aid…

– thus reads an order of the 15. Waffen-Grenadier-Division of the SS (Lithuanian no. 1) from the 9th of September 1944.[5] This shows clearly the importance of the uniform even towards the end of W.W. II.

Even though since 1933 the German Reich increasingly appeared to be a nation of uniform wearers, for Himmler – Reichsführer SS since the 6th of January 1929 –, the uniform was of significant importance. This is indicated by numerous regulations in the SS-Befehlsblatt published first in 1932. When, three years later, he managed to appoint an armed SS-Verfügungstruppe through a consensus with the OKW, he took special care that it outwardly differed from the army.

Besides some succinct differences in cut, the new field uniform appears in a different colour, earthgrey. Since Himmler could not equip the quickly increasing number of armed SS-units (called Waffen-SS from 1940 on) with their own uniforms, numerous pieces of clothing had already been taken over from the Wehrmacht already in 1936/37. To nevertheless give an even look to all the SS-units, the Schutzstaffel took over the field grey of the army for the future manufacturing of their uniform parts. Himmler tried to make those concessions look like temporal compromises and underlined the originality of the SS-uniform. In 1940, the Waffen-SS proclaimed[6]: "The production and the way of wearing the grey battle dress, the coat and the field cap of the Waffen-SS differs greatly from army regulations. They apply to the SS, as set down in the RFSS-orders from December 12th 1939 and May 10th 1940.

The compiled orders in the army decrees and in the general army communications (cf. H. V. Bl. part C, page 26, number 1007) are not applicable to the Waffen-SS."

[3] Divisionsbefehl Nr. 10 der 15. Waffen-Grenadier-Division der SS/Ia vom 9. September 1944
[4] V. Bl. d. Waffen-SS vom 15. Oktober 1940, Ziffer 274
[5] *Division order no. 10 of the 15. Waffen-Grenadier-Division of the SS/Ia from September 9th 1944*
[6] *V. Bl. of the Waffen-SS from October 15th 1940, number 274*

Die Realität sah anders aus. Selbst die nach und nach errichteten SS-Betriebe zur Fertigung und Instandsetzung von Uniformen und Ausrüstungsteilen, z.B. die Deutschen Ausrüstungswerke GmbH (u.a. in Weimar-Buchenwald) oder die Ostindustrie GmbH (Generalgouvernement) konnten nur rund 25 % der benötigten Artikel herstellen. Der Rest wurde vom OKW zur Verfügung gestellt. Verantwortlich für die Ausrüstung der im Laufe der sechs Kriegsjahre eingesetzten insgesamt einer Million Angehörigen der Waffen-SS war zunächst das SS-Verwaltungsamt und ab 30. Januar 1942 die Amtsgruppe B des SS-Wirtschafts- und Verwaltungshauptamtes.

Die Einheiten, meist nahmen Ausbildungs- und Ersatztruppenteile die erste Einkleidung vor, forderten beim SS-FHA die nötigen Uniformen und Ausrüstungsgegenstände für ihre Soldaten an. Dieses gab die Meldung weiter an das SS-Verwaltungsamt, resp. SS-Wirtschafts- und Verwaltungshauptamt. Dort koordinierte man die Lieferung über die Hauptwirtschaftslager (HWL), Truppenwirtschaftslager (TWL) oder die Herstellerwerke.

Der ausgebende Truppenteil trug die vom Soldaten empfangenen Bekleidungs- und Ausrüstungsgegenstände in dessen Soldbuch ein. Anfänglich war hierfür nur eine Doppelseite vorgesehen. Durch die ständig neu eingeführten Winter-, Tropen- oder Sonderbekleidungen folgten im Laufe des Krieges wesentlich umfangreichere Ausführungen mit zwei oder mehr Doppelseiten. In den ersten SS-Soldbüchern standen zunächst im Bekleidungsnachweis nur:

Stahlhelm
Feldmütze
Bluse oder Feldjacke (schwarz)
Unterjacke
Tuch-, Reit- oder Feldhose (schwarz)
Schnür-, Reitstiefel
Schnürschuhe
Mantel, Übermantel
Tornister
Kochgeschirr
Zeltausrüstung
Koppel mit Zubehör
Brotbeutel mit Band
Feld-(Labe-)Flasche
Drillichzeug

Dazu konnten noch einige Stücke (z.B. Braunhemd, Unterhosen und Socken) handschriftlich vermerkt werden. Im Laufe der Zeit wurde der Nachweis immer wieder ergänzt. So wurden nach und nach u.a. zusätzlich erfaßt:

Reality, however, was different. The SS-factories for manufacturing and repair of uniforms and equipment parts that had gradually been erected, for example the "Deutsche Ausrüstungswerke GmbH" (in Weimar-Buchenwald, among others) or the "Ostindustrie GmbH" (general government), were only able to produce about 25 % of the required articles. The rest came from the OKW. In charge of the equipment of the members of the Waffen-SS which, in the course of six years of war, had grown to a million, was first the SS-Verwaltungsamt (administration) and then, from January 30th 1942 the office B of the SS-economy and administration headquarters.

The units – usually the training and substitute units were responsible for the first accoutrement – requested the required uniforms and equipment articles for their soldiers from the SS-FHA. They passed the reports on to the SS-administration, respectively the SS-economy and administration headquarters. There they co-ordinated the delivery via the Hauptwirtschaftslager (HWL, main economy office), Truppenwirtschaftslager (TWL, troop economy office) or the manufacturing businesses.

The part of the troop responsible for distributing the clothing and equipment made an entry in the military passbook of each soldier for the received items. At first there was a double page reserved for this. Caused by the continuously newly introduced winter, tropical and special clothing, larger executions followed in the course of the war with three or more double pages. The first SS-military passbooks had only the following entries in their clothing list:

steel helmet
field cap
battle dress or field jacket (black)
under-jacket
cloth trousers, breeches or field pants (black)
lace-up and riding boots
ankle boots
coat, overcoat
kit bag
cooking utensils
camping equipment
belt with accessories bread
bag with string
canteen
fatigues

Apart from that, other things (e.g. brown shirts, underwear and socks) could be recorded manually. In the course of time the directory was expanded again and again. Gradually, among other things the following were registered:

Seitengewehrsteg	*frock*
Kragenbinde	*collar strap*
Handschuhe	*gloves*
Kopfschützer	*head protection*
Hosenträger	*braces*
Stoffgamaschen	*cloth gaiters*
Handtuch	*towel*
Zwiebackbeutel	*rusk bag*
Mantelriemen	*coat strap*
Kochgeschirr-Riemen	*cooking equipment strap*
Patronentaschen	*ammunition pouches*
Eßbesteck	*knife, fork and spoon*
Fettbüchse	*grease box*
Tragegurte mit Seitenhaken	*carrier straps with side hooks*
Wolldecke	*wool blanket*
Nähzeugbeutel	*sewing kit*
Tarnjacke	*camouflage smock*
Tarnmütze	*camouflage cap*
Tarnbezug	*camouflage cover*
Mückenschleier	*mosquito veil*
Gesichtsmaske	*facial mask*
Filzstiefel	*felt boots*
Sportschuhe	*training shoes*
Sporthose	*sports pants*
Sporthemd	*sports shirt*
Sportschutzanzug	*sports protection suit*
Badehose	*bathing trunks*
Pelzmütze	*fur cap*
Bergmütze	*mountain cap*
Bergstiefel	*mountain boots*
Fäustlinge	*mittens*
Rucksack	*knapsack*

Während die sonstigen Dienstgrade in der Regel die Uniformen kostenlos, und dafür auch nur leihweise erhielten, mußten sich die Führer selbst einkleiden. Sie erhielten jedoch eine Einkleidungshilfe von etwa 180,– Reichsmark, mit der sie in der SS-Kleiderkasse Uniformen(-teile) käuflich erwerben konnten. Alle Angehörigen erhielten bei Dienstantritt Putzgeld in Höhe von 5,– Reichsmark, von dem sie Schuhputzzeug und Kleiderbürsten kaufen sollten.

In den Kasernen und auf Truppenübungsplätzen stand jedem Soldaten ein Kleiderspind zur Verfügung, der nach genauen Richtlinien eingeräumt werden mußte. Im Gegensatz zur Wehrmacht durfte der Spind nach einem Befehl des Reichsführer- SS, um Korpsgeist und Kameradschaft zu stärken, nicht verschlossen werden. Im Einsatz wurden überflüssige Uniformstücke dem Troß übergeben und nur notwendige Teile z.B. im Rucksack, einer Kiste oder einem Bekleidungsbeutel behalten.

Der ehemalige norwegische Freiwillige John Sandstad erinnert sich an seine Einkleidung: „Am ersten Tag in der Kaserne – für mich bis Juli 1942 das Barackenlager in Holmestrand in Norwegen – empfingen wir die Bekleidung und Aus-

While the other ranks as a rule received their uniforms free of charge – and for that only on loan, too – the Führer had to clothe themselves. For this they received a sum of about 180,– Reichsmark as a clothing-aid with which they could buy uniform (parts) at the SS-cashier's office. At assumption of their duties, all members were entitled to 5,– Reichsmark cleaning money with which they were supposed to buy shoe cleaning equipment and clothes brushes.

In the barracks and in the military training areas each soldier was entitled to a locker which had to be arranged to exact regulations. As opposed to the Wehrmacht, the locker was – in accordance to a Reichsführer-SS order, to strengthen the corpsspirit and the comradeship – not supposed to be locked. During action, unnecessary pieces of clothing were handed over to the baggage train and only relevant items – mostly carried in the knapsack, a trunk or a clothes bag – were kept.

The former Norwegian volunteer John Sandstad remembers his accoutrement: "On the first day in the barracks – for me until July 1942 the barracks in Holmestrand in Norway – we received the clothing and the equipment. Two field grey uniforms, one new or at least

rüstungsstücke. Zwei feldgraue Uniformen, die eine neu oder zumindest kaum benutzt für den Ausgang und dergleichen, die andere stärker getragen für den täglichen Gebrauch beim Exerzieren und Geländedienst. Dazu noch die Drillichuniform als Arbeitsanzug ohne Schulterklappen, Kragenspiegel oder ähnlichem. Außerdem erhielten wir Unterwäsche, Strümpfe, Stiefel und Stahlhelm.

Unsere Freiwilligen-Legion ‚Norwegen' war aus irgendeinem Grund als Gebirgseinheit ausgerüstet worden; also mit Berghosen, Bergschuhen mit Eisenbeschlägen und Gelenkbändern (Wickelgamaschen), die man mehrmals straff um die Fußgelenke wickelte. Dies gab zwar eine gute Stütze für das Gelenk, hatte aber im flachen Gelände von Holmestrand und später Mitau bzw. vor St. Petersburg keinen Sinn. Zeitraubend beim Anziehen und im Winter durch die zahlreichen Eisenbeschläge eiskalt. Die Unterwäsche wurde wöchentlich zum Waschen eingeliefert, wir bekamen dann irgendwelche Gereinigte retour – also nicht die eigene. Die Uniformen mußten wir nach Bedarf selbst reinigen.

Später (April bis Juni 1943 in Grafenwöhr-Auerbach) wurden die Bergschuhe gegen Marschstiefel ausgetauscht. Während eines Lehrganges in Graz und im nachfolgenden Urlaub erhielt ich vorübergehend Schnürschuhe und Segeltuchgamaschen. Danach wieder die ‚Knobelbecher' (Marschstiefel).

Im Herbst 1943 nach Kroatien verlegt, bekamen wir zum ersten Mal Tarnjacken und -mützen, die wir vor dem Abmarsch an die Ostfront im Dezember des Jahres gegen die Winterbekleidung austauschten. Hierbei handelte es sich um wattierte Sachen, die auf der einen Seite grau und auf der anderen Seite weiß waren. Diese Winterbekleidung war sehr gut – jedenfalls solange sie trocken blieb.

Die feldgraue Uniform war eigentlich auch sehr gut. Im Sommer allerdings etwas zu warm. Wir hatten übrigens zur Prävention von Hautreizungen die langen Unterhosen auch im Sommer zu tragen."

Nachdem bereits 1939/40 erbeutete tschechische, polnische, dänische, niederländische, belgische oder französische Bekleidungs- und Ausrüstungsgegenstände sowie Waffen an neu aufzustellende Einheiten der Wehrmacht und Waffen-SS ausgegeben worden waren, brachte die Entwaffnung der italienischen Wehrmacht im September 1943 einen besonderen Höhepunkt. So meldete alleine z.B. das SS-Karstwehr-Bataillon am 14. November 1943[7], daß es beim Einsatz in Oberitalien ein Bekleidungslager sichergestellt hatte mit:

hardly used, for going out and things like that, and the other one more worn for daily use at drill and on field duty. Additionally the fatigue dress as a working dress without shoulder straps, collar patches and such. Apart from that we received underwear, socks, boots and steel helmet.

Our volunteer-legion 'Norway' was for some reason equipped as a mountaineer unit – that is to say with mountaineering pants and shoes with metal tips and ankle wrappings (puttees), which you wound tightly around the ankles a couple of times. Even though this was a good protection for the joint, on the flat plains of Holmestrand and later Mitau, respectively before St. Petersburg they made no sense at all. It took time getting dressed and in winter they were icy cold because of the numerous metal mountings. The underwear was weekly handed in for washing and we got some clean things back somehow – that is to say not our own. The uniforms we had to clean ourselves, if needed.

Later (April till June 1943 in Grafenwöhr-Auerbach) the mountain boots were exchanged for marching boots. During a schooling in Graz and for the following holiday I was temporarily issued a pair of lace-up boots and canvas gaiters. After that I got jackboots (marching boots) again.

In the autumn of 1943, when we were transferred to Croatia, we received for the first time camouflage smocks and caps which we exchanged for the winter clothing in December that year, just before we left to the eastern front. Those were padded articles that grey on one and white on the other side. These winter clothes were very good – as long as they remained dry, that is.

The field grey uniform actually was very good as well. Although a bit too warm in summer – by the way, we had to wear the long johns even in summer, to prevent skin diseases."

After the units of the Wehrmacht and the Waffen-SS that were to be newly appointed already in 1939/40 had been issued Czech, Polish, Danish, Dutch, Belgian or French clothing and equipment as well as weapons, the disarmament of the Italian army in 1943 meant a special peak. Thus, for example, on the 14th of September 1943, the SS-Karstwehr-Battalion alone reported that it had, during an operation in the upper part of Italy, taken possession of[8]:

[7] Meldung des SS-Karstwehrbataillons an das SS-FHA, Amt IV vom 14. November 1943

[8] *Report from the SS-Karstwehr-battalion to the SS-FHA, section IV, on November 14th 1943*

3.700	Hemden
3.700	Unterhosen
1.150	Pullovern
500	Decken, gerollt
1.600	Decken, gestapelt
800	Zeltbahnen
120	Leinentücher
990	Handtücher
500	Fußlappen
3.400	Taschentücher
570	Paar Bergschuhe
2.675	Paar Schnürschuhe
480	Paar Afrikaschuhe

Aufgrund des ständig steigenden Bedarfs an deutschen Uniformen – insgesamt standen im Laufe des Krieges über 12 Millionen Soldaten auf deutscher Seite – begannen 1943 Versuche, die arbeitsaufwendige Herstellung der verschiedenen Ausführungen für Heer, Marine, Luftwaffe, Waffen-SS, Polizei und den zahlreichen anderen Organisationen zu standardisieren. Das Ergebnis war im Spätsommer 1944, in Anlehnung an den britischen Uniformenschnitt, die Felduniform 1944. Anfang 1945 sollte dazu noch ein einheitliches Tarnmuster, das sog. „Leibermuster", eingeführt werden.

Da die zahlreichen Änderungen meist nur bei neuaufzustellenden Formationen durchgeführt wurden, vorhandene Bestände an älteren Uniformen und Bekleidungsstücken immer aufzutragen waren und Modifikationen oft nur teilweise oder gar nicht bei den bereits bestehenden Einheiten durchgeführt wurden, gab es zum Kriegsschluß eine breite Palette der verschiedensten Uniformen-Kombinationen. Dazu gehörte z.B. auch die Tatsache, daß bis Kriegsende ein oder beide Wappenschilde an den Stahlhelmen zu sehen waren, obwohl 1940 das Hakenkreuzwappen und 1943 die Sig-Runen abgeschafft worden waren.

3.700	*shirts*
3.700	*underpants*
1.150	*pullovers*
500	*blankets, rolled-up*
1.600	*blankets, stacked*
800	*pieces of canvas*
120	*pieces of linen*
990	*towels*
500	*foot cloths*
3.400	*handkerchiefs*
570	*pairs of mountain boots*
2.675	*pairs of ankle boots*
480	*pairs of Africa boots*

Because of the continuously rising demand for German uniforms – all in all there were more than 12 million soldiers on the German side during the course of the war – attempts were made in 1943 to standardise the up to then quite labour-intensive production of the different designs for army, navy, air force, Waffen-SS, police and the numerous other organisations. The result was, following the British cut, the "field uniform 1944" in the late summer was to be introduced, the so-called "Leiber" pattern.

Since the numerous changes were usually only made for formations that were to be newly appointed, the existing funds of (older) uniforms and clothing were to be worn out and modifications for existing units were only done partially or not at all, by the end of the war there was a widely varying range of different uniform combinations. An example for this is the fact that until the end of the war one or both escutcheons could be seen on the helmets, even though the swastika was abandoned in 1940 and the Sig-runes in 1943.

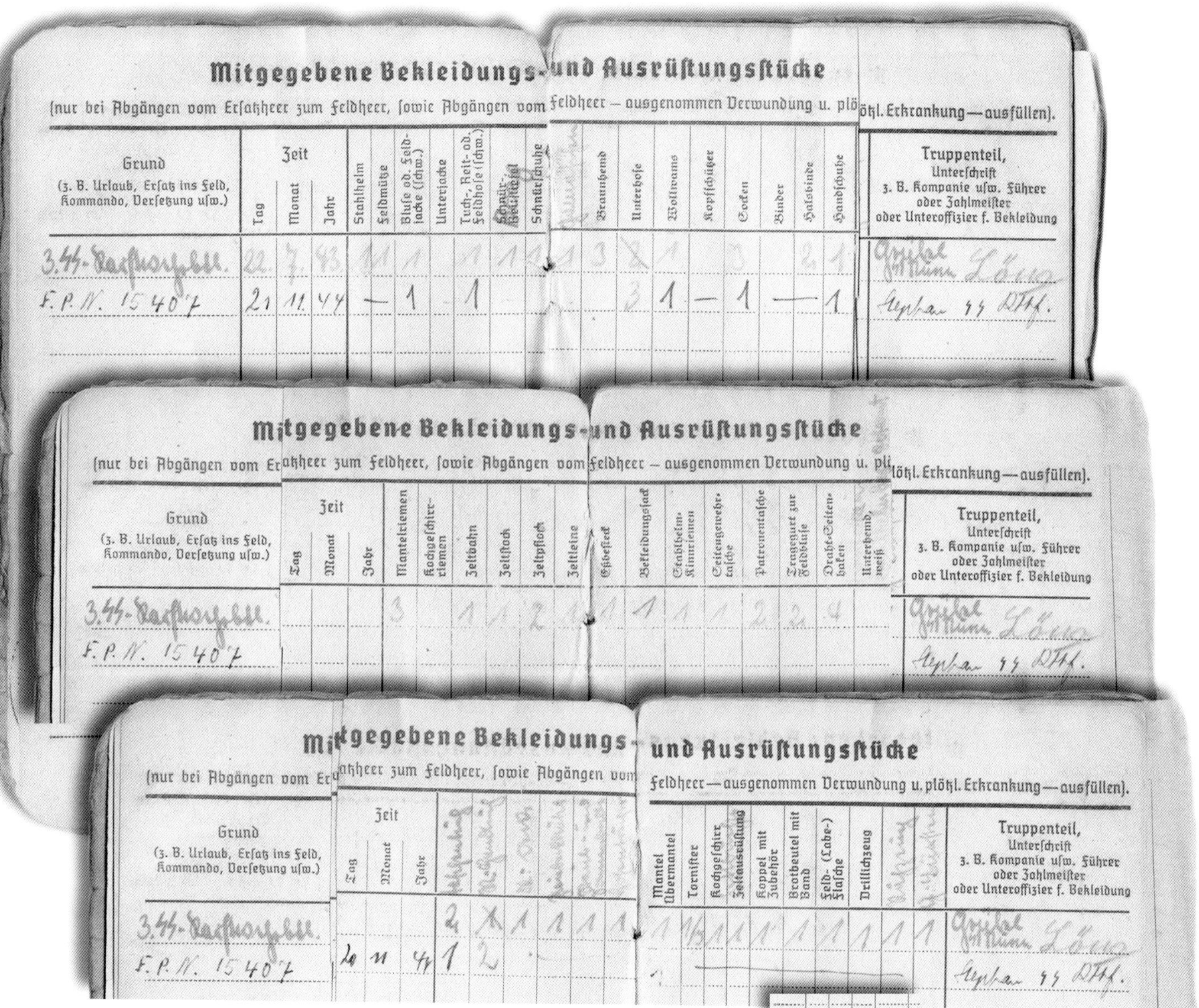

Mitgegebene Bekleidungs- und Ausrüstungsstücke

(nur bei Abgängen vom Ersatzheer zum Feldheer, sowie Abgängen vom Feldheer – ausgenommen Verwundung u. plötzl. Erkrankung – ausfüllen).

Grund (z. B. Urlaub, Ersatz ins Feld, Kommando, Versetzung usw.)	Zeit: Tag	Monat	Jahr	Stahlhelm	Feldmütze	Bluse od. Feldjacke (schw.)	Unterjacke	Tuch-, Reit- od. Feldhose (schw.)	Schnürschuhe	Braunhemd	Unterhose	Wollwams	Kopfschützer	Socken	Binder	Halsbinde	Handschuhe	Truppenteil, Unterschrift z. B. Kompanie usw. Führer oder Zahlmeister oder Unteroffizier f. Bekleidung
3. SS-Karstwehr-Btl.																		
F.P.N. 15407	21	11	44	–	1		1				3	1	–	1	–	1		

Mitgegebene Bekleidungs- und Ausrüstungsstücke

(nur bei Abgängen vom Ersatzheer zum Feldheer, sowie Abgängen vom Feldheer – ausgenommen Verwundung u. plötzl. Erkrankung – ausfüllen).

Grund (z. B. Urlaub, Ersatz ins Feld, Kommando, Versetzung usw.)	Zeit: Tag	Monat	Jahr	Mantelriemen	Kochgeschirrriemen	Zeltbahn	Zeltstock	Zeltpflock	Zeltleine	Eßbesteck	Bekleidungssack	Stahlhelm-Kinnriemen	Seitengewehrtasche	Patronentasche	Tragegurt zur Feldbluse	Draht-Seitenhaken	Unterhemd, weiß	Truppenteil, Unterschrift z. B. Kompanie usw. Führer oder Zahlmeister oder Unteroffizier f. Bekleidung
3. SS-Karstwehr-Btl.				3	1	1	2	1	1	1	1	1	1	2	2	4		
F.P.N. 15407																		

Mitgegebene Bekleidungs- und Ausrüstungsstücke

(nur bei Abgängen vom Ersatzheer zum Feldheer, sowie Abgängen vom Feldheer – ausgenommen Verwundung u. plötzl. Erkrankung – ausfüllen).

Grund (z. B. Urlaub, Ersatz ins Feld, Kommando, Versetzung usw.)	Zeit: Tag	Monat	Jahr	Mantel Übermantel	Tornister	Kochgeschirr	Zeltausrüstung	Koppel mit Zubehör	Brotbeutel mit Band	Feld- (Labe-) Flasche	Drillichzeug	Truppenteil, Unterschrift z. B. Kompanie usw. Führer oder Zahlmeister oder Unteroffizier f. Bekleidung
3. SS-Karstwehr-Btl.				1	1	1	1	1	1	1	1	
F.P.N. 15407	21	11	44									

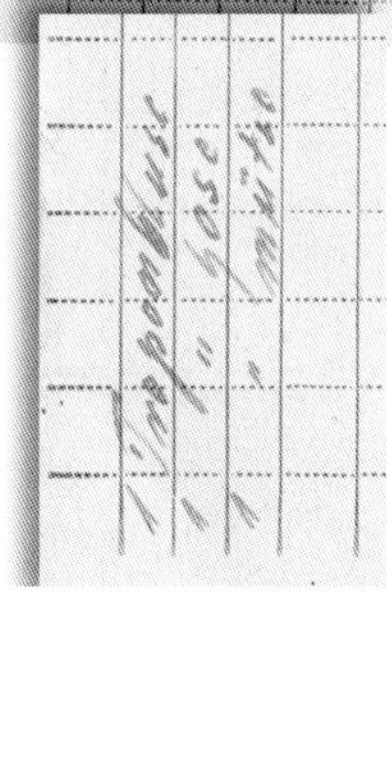

Bekleidungs- und Ausrüstungsnachweis in einem Soldbuch für einen Angehörigen des SS-Karstwehr-Bataillons. Man beachte die separat vermerkte Ausgabe von je einer „Tropenbluse", „Tropenhose" und „Tropenmütze".

Clothing and equipment certificate in a pay book for a member of SS Karstwehr battalion. Note the separate issuing of one "tropical blouse", "tropical trousers" and "tropical cap".

Die erdgraue Uniform 1935–1937
The earth grey uniform 1935–1937

Am 24. September 1934 stellte der Reichswehrminister fest, daß es sich bei der Schutzstaffel (SS) um eine politische Organisation der NSDAP handelte, die für ihre Aufgaben grundsätzlich keiner Bewaffnung bedurfte. Für besondere innenpolitische Aufgaben, die der SS von Hitler gestellt werden konnten, war eine bewaffnete Verfügungstruppe (SS-VT) zu bilden. Der Dienst in der SS-VT erfüllte – im Gegensatz zu den SS-Totenkopf-Verbänden (SS-TV) – bei gleicher Dauer die gesetzliche Wehrpflicht. Bei der Formierung dieser SS-VT erhielten die SS-Angehörigen im Sommer 1935 eine erdgraue Uniform ausgehändigt, die sich im Schnitt an der bisherigen schwarzen der Allgemeinen SS orientierte.

Generaloberst von Blomberg erwähnte hierbei allerdings nicht die ebenfalls bewaffneten sog. SS-Wachverbände, die u.a. in einigen der im Zuge der Machtergreifung errichteten Konzentrationslager (KL) Dienst versahen. Obwohl anfänglich meist von den Sturmabteilungen (SA) geführt, änderte sich dies nach dem sog. Röhm-Putsch, als die SA Macht und Einfluß verlor. Die Leitung und Reorganisation der KL übernahm der zum SS-Gruppenführer beförderte und zum Inspekteur der KL und Führer der SS-Wachverbände ernannte Theodor Eicke. Ab 29. März 1936 wurden die SS-Wachverbände auf Himmlers Befehl in SS-Totenkopf-Verbände (SS-TV) umbenannt und im April 1937 in drei Standarten zusammengefaßt. Zunächst trugen die Männer der SS-Wachverbände die schwarze Uniform der Allgemeinen SS. Mit der Umbenennung in SS-Totenkopf-Verbände bekamen sie ebenfalls die erdgraue Uniform.

Zur erdgrauen Uniform gehörte zunächst der relativ große und schwere Stahlhelm aus dem 1. Weltkrieg, der etwas modifiziert auch noch von der Reichswehr getragen wurde (Modelle 1916 und 1918). Der lederne Einsatz, dessen Zungen mit einer Schnur auf die Kopfgröße eingestellt werden konnten, wurde mit drei Splinten am Helm befestigt. Der Stahlhelmrand war nach innen umgebördelt, um keine scharfen Kanten entstehen lassen zu können. Als bei der SS-VT – die SS-TV folgten erst später – der 1935 in der Wehrmacht eingeführte etwas kleinere Stahlhelm (Modell 1935) als Diensthelm übernommen wurde, verblieben die Helme in der alten Form jedoch bis etwa 1941 bei einzelnen SS-Ausbildungs- und Ersatzeinheiten. Auf beiden Helmen befanden sich auf der linken Seite ein roter Wappenschild, in dem ein schwarzes Hakenkreuz auf weißem Kreis lag, und auf der rechten Helmseite schwarze Sig-Runen auf silbernem Schild.

On September 24th, the Reich Minister of Defence established that the Schutzstaffel (SS) was a political organisation of the NSDAP which fundamentally did not require weapons for their duties. For special inner political tasks that Hitler could set for the SS, an armed Verfügungstruppe (SS-VT) was set up. The duty in the SS-VT fulfilled – in the opposite to the death's-head-units – in the same length of time the compulsory military service. When this SS-VT was set up in the summer of 1935, the SS-members were issued an earth grey uniform which in its cut orientated itself to the previous black one of the Allgemeine SS (general SS).

Generaloberst von Blomberg omitted to name though the – likewise armed – so-called SS-Wachverbände who, amongst other things, did service in the concentration camps (KL) that had been erected in the course of the seizure of power (Machtergreifung). Even though they usually had been governed by the Sturmabteilungen (SA), this changed after the Röhm-Putsch when the SA lost power and influence. Theodor Eicke, who was promoted to the rank of SS-Gruppenführer and appointed inspector for the KL and commander of the SS-Wachverbände, took over the leadership and the reorganisation of the KL. On March 29th 1936 the SS-Wachverbände were renamed on Himmler's order to SS-Totenkopf-Verbände (SS-TV) and united into three standards. At first the men of the SS-Wachverbände wore the black uniform of the Allgemeine SS but with the renaming to SS-Totenkopf-Verbände they also received the earth grey uniform.

At first, a part of the earth grey uniform was the relatively large and heavy steel helmet from WW I which had, slightly modified, also been worn by the Reichswehr (models 1916 and 1918). The leather inset, whose thongs could be adjusted to head size with a string, was fastened to the helmet with three splints. The rim was flanged inwards to avoid sharp edges. When the smaller steel helmet (model 1935) which had been introduced in the Wehrmacht 1935 was taken over as the official duty helmet for the SS-VT – the SS-TV followed later – the old helmets nonetheless stayed in use until 1941 for single SS-training and -reserve units. Both models had a red shield on the left side, with a black swastika in a white circle, and on the right side black Sig-runes on a silver shield.

Die Führer der bewaffneten SS-Verbände erhielten eine erdgraue Dienstmütze, die in der sog. Tellerform ähnlich der der Reichswehr war. Sie hatte jedoch ein schwarzes Samtmützenband sowie eine weiße Paspelierung für Dienstgrade bis SS-Standartenführer. Höhere Führer besaßen eine Aluminiumpaspel entlang des Mützendeckels. Der Mützenschirm war aus schwarz lackiertem Vulkanfiber (Zellulosekunststoff) und der Kinnriemen aus gedrehtem Aluminiumband. Gefüttert waren die Mützen meist mit grauer oder brauner Kunstseide. 1938 schrieb das SS-Befehlsblatt im Bezug auf den Mützenschirm:[9] „In letzter Zeit mehren sich die Fälle, daß SS-Führer Dienstmützen mit Lacklederschirm anfordern bzw. sich beschaffen. Der Reichsführer-SS hat ausdrücklich die Herstellung von SS-Dienstmützen mit Lederschirmen verboten."

Nachdem zahlreiche Portepee-Unterführer, d.h. SS-Männer ab dem Rang eines SS-Oberscharführers, aus modischen Gründen sowie dem Wunsch, sich mehr von den unteren Chargen abzuheben, unstatthafterweise begannen, ebenfalls erdgraue Dienstmützen zu tragen, führte die SS-VT Anfang 1937 eine Feldmütze mit schwarzem Band und weichem Stoffschirm für sie ein. Der Schnitt war ähnlich der Dienstmütze für Führer, jedoch fehlte ihr der Spanndraht im Mützendeckel, so daß sie auch als Knautschmütze bezeichnet wurde.[10]

Die sonstigen Dienstgrade trugen zunächst Tuch-Schiffchen, die als Feldmützen – später als Feldmützen alter Art (a.A.) – bezeichnet wurden. An der Front dieses mit grauem oder braunem Drillichstoff gefütterten Schiffchens 1. Modell war ein silberweißer Metallknopf mit abgebildetem plastischen Totenkopf durch einen S-förmigen Sprengring befestigt. Somit konnte er vor der Wäsche problemlos entfernt werden. Auf der linken Seitenklappe befand sich der Hoheitsadler aus Stoff.

Der erdgraue SS-Dienstrock aus Rocktrikot oder Gabardine entsprach dem Schnitt des schwarzen Rockes der Allgemeinen SS. Diese hatte sich am Schnitt der Uniform der kaiserlichen Schutztruppe des 1. Weltkrieges orientiert: erdgrauer Kragen mit offenem Revers (der mit silberner Paspel bei Führern und schwarz-silberner Paspel bei sonstigen Dienstgraden eingefaßt war), vier Metallknöpfe an der Front und zwei Metallknöpfe im Bereich der Lenden auf dem Rücken sowie zwei aufgesetzte Brust- und zwei eingelassene Seitentaschen waren die besonderen Merkmale. Eine kleine Ausnahme machte die Ausführung des SS-Dienstrockes in Drillich – hier fehlten die beiden Knöpfe im Lendenbereich. 1941 wurde

The Führer of the armed SS-units received an earth grey service cap, which was, in its so-called plate form, similar to that of the Reichswehr. It had a black velvet band though, and white piping for the ranks up to the SS-Standartenführer. Higher ranked Führer had aluminium piping along the crown. The peak consisted of black painted vulcanised fibre (cellulose) and the chinstrap of a twisted aluminium strap. The caps were usually lined with grey or brown synthetic silk. In 1939, the SS-Befehlsblatt wrote the following concerning the peak[11]: „The occurrences have increased lately that SS-Führer demand or procure service caps with patent leather peaks. The Reichsführer-SS has explicitly forbidden the manufacturing of SS service caps with leather peaks."

After numerous portepee-Unterführer (namely SS men from the rank of a SS-Oberscharführer upwards) illicitly began to wear earth grey service caps as well, as much out of a wish to be fashionable as also to discern themselves from the lower ranks, the SS-VT introduced a field cap with a black band and a soft visor for them in the beginning of 1937. The cut was similar to the one of the service cap for the Führer, but it did not have the bracing wire in the crown so it was also known as "Knautschmütze"[12].

The other ranks initially wore cloth forage caps which first were called field caps, and later field caps of the old type (alter Art, a.A.). On the front of this first model forage cap which was lined with brown or grey denim, there was a silvery-white metal button with a relief picture of a death's-head on it, fastened to the cap with an s-shaped metal clip. This made it easy to remove from the clothes. On the left side it had the imperial eagle in cloth.

The earth grey SS service coat of stockinet or gabardine was equal in cut to the black coat of the Allgemeine SS. This one in its turn had been similar in cut to the uniform of the Imperial Schutztruppe of WW I: earth grey collar with open lapels (which had silver piping for Führer and black/silver piping for the other ranks), four metal buttons down the front and two metal buttons in hip height on the back, as well as two appliquéd breastpockets and two sewn in side-pockets as the characteristic features. A small exception was the make of the SS-service coat in fatigues – here the two buttons on the back were missing. In 1941, the SS service coat lined with brown or grey cloth, respectively synthetic silk (Führer) was generally removed from employment – even though mostly members of the

[9] SS-Befehlsblatt vom 25. Juni 1938, Ziffer 12
[10] SS-Befehlsblatt vom 25. März 1937, Ziffer 3
[11] *SS-Befehlsblatt, June 25th 1938, number 12*
[12] *SS-Befehlsblatt, March 25th 1937, number 3*

der i.d.R. mit grauem oder braunem Stoff bzw. Kunstseide (Führer) gefütterte SS-Dienstrock aus der Truppenverwendung herausgezogen. Jedoch trugen ihn vor allem Angehörige der Allgemeinen SS in besonderer Verwendung, z.B. Reichsführer-SS Himmler oder die Angehörigen des SD, bis zum Kriegsende.

Aufgrund des Wunsches, sich schon allein optisch von der Wehrmacht abzuheben, ließ Himmler noch 1937 eine eigene erdgraue SS-Feldbluse (Modell 1937) herstellen. Sie ähnelte dem erdgrauen SSDienstrock, wobei der Kragen jedoch wahlweise mit Revers bzw. geschlossen getragen werden konnte. Die wieder mit graubraunem Wollstoff bzw. Kunstseide (Führer) gefütterte Jacke hatte einen erdgrauen Kragen[13] und wurde mit vier gekörnten Metallknöpfen und einem Bakelitknopf verschlossen. Die Feldbluse setzte sich nicht durch, so daß bis auf wenige Ausnahmen ab 1941 alle Angehörigen der Waffen-SS die – teilweise modifizierten – Ausführungen der Wehrmacht trugen.

Zum Dienstanzug sollten von allen Dienstgraden schwarze hohe Schaftstiefel und eine erdgraue Breecheshose getragen werden. Diese war oberhalb des Knies weit geschnitten und lag unterhalb wieder eng an. Die, bis auf die Farbe, mit der schwarzen identische Diensthose reichte nur bis zur Hälfte der Waden. Die Außennaht war hier auf etwa 20 cm bis zu den Hosenenden offen. Geschlossen wurden die Schlitze meist durch Knöpfe oder Schnüre. Im Gegensatz zu den gleich aussehenden Reiterhosen besaßen die Diensthosen jedoch keinen Reitbesatz aus Leder.

Allgemeine SS for special duty, like for example the Reichsführer-SS Himmler or members of the SD (security service), kept on wearing them until the end of the war.

As late as 1937 Himmler had an individual earth grey SS battle dress (model 1937) manufactured, mainly to differ optically from the Wehrmacht. It was similar to the earth grey SS service coat, but the collar could alternatively worn with lapels or closed. This service coat, again lined with grey or brown wool or synthetic silk for the Führer, had an earth grey collar[14] and was closed with four grained buttons and one Bakelite button. The battle dress did not establish itself, so that by 1941 all members of the Waffen-SS, apart from a few exceptions, wore the – partly modified – Wehrmacht models.

All ranks were to wear high black boots and earth grey breeches with their service coat. The breeches were cut loosely above the knee and below it lay tightly against the leg. These trousers, apart from the colour identical to the black one, only reached the middle of the calves. The outer seam here was open for about 20 cm to the bottom of the trousers. The fly was closed with buttons or strings. As opposed to the riding breeches these trousers did not have the leather facings for riding.

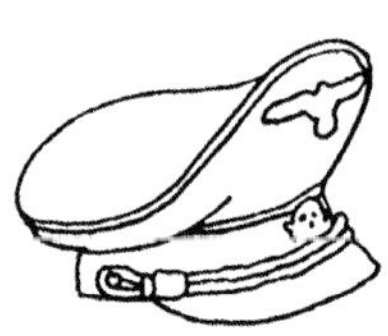

Dienstmütze für SS-Führer (Sattelform)
Peaked cap for SS-Führer (saddle shaped)

Dienstmütze für sonstige Dienstgrade (Tellerform)
Peaked cap for other ranks (plate-shaped)

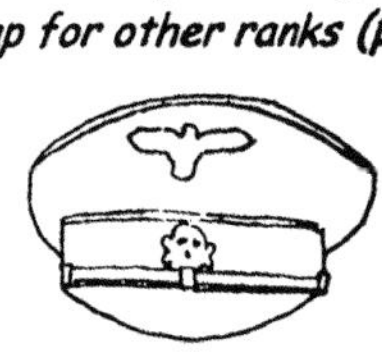

Feldmütze für SS-Unterführer mit Stoffschirm
Field cap for SS-Unterführer with cloth peak

Feldmütze (a.A.)
Forage cap (old type)

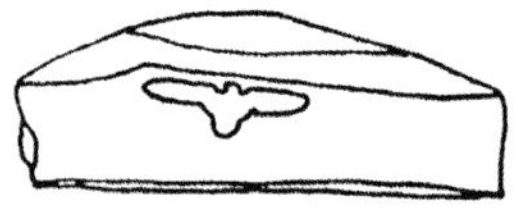

Stahlhelm 1918
1918 pattern steel helmet

Feldmütze (n.A.) / *Forage cap (latest type)*

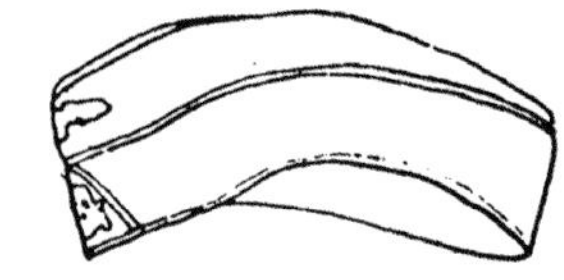

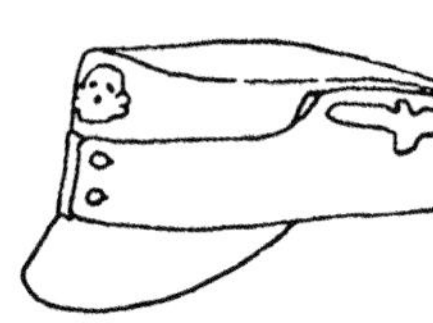

Bermütze
Field cap for mountain troops

Stahlhelm 1935
1935 pattern steel helmet

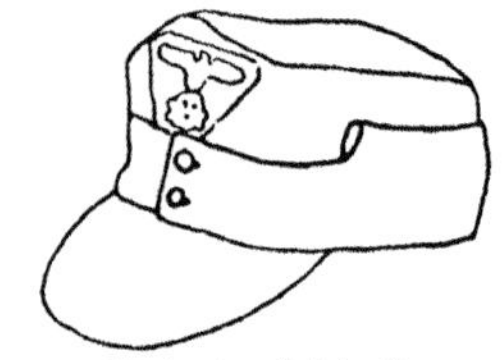

Einheitsfeldmütze
Regular field cap 1943

---

[13] Führer ließen sich gerne den Kragen mit dunkelgrünem Stoff besetzen.
[14] *Führer liked having their collars faced with dark green material*

Die erdgraue Uniform

Stahlhelm Modell 1935.
steel helmet model 1935.

Spind eines Angehörigen der LAH 1935. Man beachte die beiden Stahlhelme: Modell 1935 als Diensthelm und Modell 1918 als Paradehelm.
Locker of a member of the LAH 1935. Notice both helmets: model 1935 as service helmet and the 1918 helmet for full dress.

Drei verschiedene Kopfbedeckungen: Dienstmütze (Sattelform), Feldmütze für SS-Unterführer und Feldmütze alter Art (a.A.).
Three different kinds of headgear: peaked cap (saddle shaped), field cap for SS-Unterführer with cloth peak and forage cap (old type).

Drei Angehörige einer SS-Totenkopf-Standarte. Sie tragen die Feldmützen a.A. und Feldblusen 1940. Der links sitzende Mann dazu noch den Altkämpferwinkel.
Three members of an SS-Totenkopf-Standarte wearing forage caps (old type) and battle dress 1940. The man on the left is wearing the chevron for those who were SS or NSDAP members before 1933.

Feldmütze für SS-Unterführer mit Stoffschirm.
Field cap for SS-Unterführer with cloth peak.

Ein Angehöriger des SD (Ärmelraute) mit SS-Dienstrock.
A member of the security (sleeve rhomb) with SS service tunic.

Angehörige der SS-Heimwehr Danzig mit der SS-Feldbluse 1937.
Members of the SS-Heimwehr Danzig wearing the SS battle dress 1937.

SS-Dienstrock, Drillich.
SS-service tunic (denim).

Angehörige der SS-Totenkopf-Division 1940. Der Stabsscharführer (Spieß) links trägt eine Feldbluse 1935 sowie die Kragenspiegel mit zwei Totenköpfen. Der SS-Oberscharführer rechts trägt eine Drillichjacke ohne Kragenspiegel und Ärmeladler.
Members of the SS-Totenkopf-Division 1940. The sergeant-major on the left is wearing a battle dress 1935 and collar patches with two death's heads. The SS-Oberscharführer on the right is wearing a fatigue dress without collar patches and sleeve eagle.

Die feldgraue Uniform 1937–1942
The field grey uniform 1937–1942

Als die bewaffnete SS Mitte 1937 die feldgraue Farbe der Wehrmacht übernahm, wurden die Stahlhelme ebenfalls in dieser Farbe getragen. Anfang 1940 erhielten die neu gefertigten Stahlhelme dann eine mattschiefergraue und zur besseren Tarnung leicht angerauhte Oberfläche. Außerdem wurde auf das Anbringen des Hakenkreuz-Wappens verzichtet.

Auch bei den Dienstmützen gab es Änderungen. Mit der Umstellung auf das feldgraue Tuch wurden die Mützen mit metallenem Hoheitsadler und Totenkopf ausschließlich in der moderneren sog. Sattelform gefertigt und nicht mehr nur an Führer ausgegeben. Im Gegensatz zu diesen hatten die Mützen für sonstige Dienstgrade jedoch nur einen einfachen schwarzen Tuchbesatzstreifen sowie einen Leder-Sturmriemen. Meist mit brauner Kunstseide gefüttert, befand sich eine Kunststofffolie im Inneren, die ein Verfärben des Mützendeckels durch Schweiß verhindern sollte. In der Annahme, daß diese Folie Haarausfall verursachen würde, trennten sie viele Soldaten jedoch heraus.

Anfänglich generell mit weißer Paspelierung versehen, erhielten die Dienstmützen Ende 1939 mit der Übernahme der Waffenfarben der Wehrmacht verschiedenfarbige Biesen um den Besatzstreifen sowie den Mützendeckel. Oft entfernten die Männer die Kinnriemen und den Spanndraht im Mützendeckel, um der Mütze ein salopperes Aussehen zu geben.

Nachdem bereits die Dienstmütze ursprünglich nur für Führer gedacht gewesen war, erhielten diese im Dezember 1939 erneut eine besondere Mütze. Die sog. Feldmütze im Luftwaffen-Schnitt für Führer war aus feldgrauem Trikotstoff gefertigt, mit grauer oder brauner Kunstseide gefüttert und hatte eine Aluminium-Paspelierung entlang der Seitenklappen. Die beiden aus Stoff gefertigten Abzeichen (Totenkopf und Hoheitszeichen) befanden sich an der Stirnseite. Um den Totenkopf herum wurde der sog. Soutachewinkel in der Waffenfarbe angebracht. Im Oktober 1940 wurde das Schiffchen im Luftwaffen-Schnitt, als Feldmütze neuer Art (n.A.) bezeichnet, auch für die sonstigen Dienstgrade eingeführt. Sie löste damit die Feldmütze alter Art (a.A.) für Mannschaften und die Feldmütze für Unterführer ab. Zu den Führerschiffchen unterschieden sie sich im Tuch, dem Futterstoff (Drillich) und der fehlenden Aluminiumpaspel entlang der Seitenklappen. Eine außergewöhnliche Fertigung war aus weißem Stoff, die im Winter vereinzelt getragen wurde. Im Gegensatz zum waagerecht getragenen Schiffchen 1. Modell war die

When the armed SS took over the field grey colour from the Wehrmacht in the middle of 1937, the steel helmets were worn in the same colour as well. In the beginning of 1940 the surface of the helmets changed to muted slate grey which was slightly roughened for better camouflage and in addition, the swastika was left out.

The service caps were also changed. From the moment when they were manufactured in grey cloth, the caps were fashioned in the more modern so-called saddle-form, with an imperial eagle and a death's-head of metal. Also they were no longer only issued to the Führer. The caps for the other ranks only had a black cloth facing and a leather chin strap. Mostly lined with brown synthetic silk, they also had plastic lamination to prevent discoloration of the crown through sweat stains. Many soldiers cut this plastic lining out of their caps though, because they thought it would cause them to lose hair.

After initially generally only having had white piping, the service caps received differently coloured edgings along the border stripes as well as the crown when the colours of arms of the Wehrmacht were taken over in the end of 1939. Often the men would remove the chin strap and the bracing wire to give the cap a more casual appearance.

After the service cap initially was designed especially for Führer, they again received an individually designed cap in December 1939. The so-called field cap air force cut for Führer was manufactured of field grey cloth, lined with grey or brown synthetic silk and had aluminium piping along the side flaps. On the front they had the death's-head and the nationality mark, both fashioned of cloth. The inverted "V"-chevron in the colour of arms surrounded the death's-head. In the October of 1940 the forage cap in air force cut – called field cap n.A. (neuer Art, new type) – was introduced also for the other ranks and took over for the field cap a.A. (alter Art, old type) for units and the field cap for Unterführer. The difference to the forage caps for Führer lay in the cloth they were made of, the lining (denim) and the fact that they did not have the aluminium piping along the side flaps. An exceptional model was made of white cloth which was worn in isolated cases during the winter months. While the first model of the forage cap was to be worn straight, the field cap n.A. was worn with a slight angle to the right, so the lower rim sat 1 cm above the right ear and about 3 cm above the left ear. Seen from the front, the rim had to sit about

Feldmütze n.A. etwas schief nach rechts zu tragen, so daß der untere Rand etwa 1 cm über dem rechten und etwa 3 cm über dem linken Ohr und von vorne gesehen 1 cm über der rechten Augenbraue saß. In den Kompanien usw. war auf einen einheitlichen Sitz zu achten.

Um bei Versetzungen die Soutacheschnur einfach auswechseln zu können, teilte das Verordnungsblatt der Waffen-SS im Dezember 1940 mit, daß diese nur unten angenäht und an der Spitze durch eine Schlaufe gezogen werden sollte.[15] Anfang September 1942 erging der Befehl, die Soutachewinkel generell abzutrennen bzw. bei Neufertigungen wegzulassen.

Gleichfalls im Spätsommer 1942 gab das Verordnungsblatt der Waffen-SS bekannt, daß alle Angehörigen der SS-Gebirgs-Divisionen „Nord" und „Prinz Eugen" die Bergmütze tragen sollten. Sie entsprach der des Heeres und hatte einen ovalen Deckel mit einem kleinen, mit Stoff überzogenen Schirm. Die herunterziehbaren Seitenklappen waren vorne mit zwei Knöpfen – später auch nur noch mit einem Knopf – verbunden. Etwa 12 cm von der Stirnnaht befanden sich links und rechts etwa 1 cm unter dem Deckel je eine Metallöse als Lüftungsloch. Neben dem gewöhnlichen feldgrauen Tuch gab es auch, vor allem bei Führern, feinere Stoffe in leicht differierenden Farben. Der Mützenadler (Stoff) wurde zunächst auf der linken Seitenklappe getragen, der Totenkopf (Stoff) an der Stirnseite. Im Winter gab es einen weißen Überzug aus Baumwolltrikot. Die Mütze sollte von vorn gesehen waagerecht auf dem Kopf sitzen. Sie hatte so weit zu sein, daß der Hinterkopf bedeckt war. Der untere Mützenrand sollte an der tiefsten Stelle mit den Augenbrauen abschließen.

Wie bereits oben erwähnt, übernahmen die bewaffneten SS-Verbände infolge der Schwierigkeiten, die steigende Zahl ihrer Truppenteile mit eigenen Uniformen auszustatten, Bekleidungsstücke des Heeres. Dazu gehörte auch die Feldbluse Modell 1935. Der Kragen dieser Feldbluse, der wie alle anderen auch mit einem Haken und einer Öse verschlossen werden konnte, war mit dunkelgrünem Stoff bezogen. Die vier aufgesetzten Taschen hatten eine etwa 3,5 cm breite Mittelfalte und geschwungene Patten. Die Jacke wurde mit fünf Knöpfen geschlossen und hatte in der Taille insgesamt vier Mal je drei Löcher für das variable Befestigen der Koppeltragehaken. Feldblusen für sonstige Dienstgrade waren partiell mit grauem oder braunem Leinen gefüttert; Führerblusen mit Kunstseide. In der rechten Innenseite befand sich eine Tasche für zwei Verbandpäckchen. Die Ärmelenden konnten durch zwei Knöpfe variabel verstellt werden.

[15] V. Bl. d. Waffen-SS vom 15. Oktober 1940, Ziffer 269

1 cm above the right eyebrow. Within the companies a uniform look was to be striven for.

To make the chevron easily removable in case of transfer, the Regulations of the Waffen-SS instructed in December 1940 that the chevron was to be sewn on only at the lower border, at the top it was to be threaded through a loop[16]. In the beginning of September 1942, a decree was issued that the chevron generally was to be removed, respectively to be left out with new productions.

Also in the late summer of 1942 the Regulations of the Waffen-SS announced that all members of the SS-divisions "Nord" and "Prinz Eugen" had to wear the mountain cap. It was the same as that of the army and had an oval crown with a small, cloth covered peak. The side flaps which could be turned down were fastened at the front with two buttons, later versions also with only one button. About 12 cm from the frontal seam and about 1 cm below the crown the cap had one metal eye on each side for ventilation. Apart from the usual field grey material, there were also finer materials in slightly varying colours, those especially for Führer. The cap eagle (cloth) was situated on the left side-flap, the death's-head on the front. For winter, there was a white cover of stockinet. Seen from the front, the cap had to sit straight. It had to be wide enough to cover the entire back of the head, the rim had to be on level with the eyebrows at its lowest point.

As said above, the armed SS-units took over clothing from the army, because of the difficulties to equip their own steadily increasing number of troops. Part of this was the battle dress, model 1935. The collar of this – which could be closed with a hook and eye – was covered with dark green material. The four appliquéd pockets had a crease in the middle of about 3,5 cm breadth and curved lapels. The jacket was closed with five buttons and had four times three holes at the waist, to have various possibilities to attach the belt hooks. Battle dresses for other ranks were partially lined with grey or brown linen, Führer battle dress with synthetic silk. It had an inner pocket on the right hand side for two first aid packages. Two buttons made the sleeve cuffs variable in width.

[16] V. Bl. of the Waffen-SS from October 15th 1940, number 269

Ab 1940 wurde der Kragen der Feldbluse Modell 1935 nicht mehr mit dunkelgrünem, sondern ebenfalls feldgrauem Tuch besetzt. Gleichzeitig ordnete der Reichsführer-SS an, daß für die Dauer des Krieges bei Unterführern und Männern die Kragen- und Spiegelschnur (schwarz-silberne Paspelierung) an der feldgrauen Bluse und dem Mantel wegfallen sollte.[17]

From 1940 the collar of the battle dress model 1935 was no longer covered with dark green material but with field grey as well. At the same time the Reichsführer-SS ordered that the black-silver piping on the field grey battle dress and coat was to be abolished for the duration of the war[18].

Feldblusen, die im Schnitt der Wehrmacht in Bekleidungswerken der Waffen-SS gefertigt wurden, unterschieden sich von denen des Heeres durch die Anzahl der Löcher für die vier Koppeltragehaken (sie besaßen nur zwei statt der drei vertikalen umnähten Löcher), sowie ab 1941 durch die Anzahl der Knöpfe. Während die Feldblusen der Wehrmacht nunmehr mit sechs Knöpfen verschlossen wurden, blieb es bei den SS-Feldblusen bei fünf. 1942 fielen aus Vereinfachungsgründen generell die Mittelfalten auf den Taschen weg.

The battle dresses in Wehrmacht cut that were manufactured in the clothing factories of the Waffen-SS, differed from the ones of the army in the number of the holes for the four belt hooks (they only had two instead of the three vertical in-sewn holes) and from 1941 also in the number of buttons. While the battle dresses of the army from 1941 had six buttons, the SS-battle dresses kept the original number of five. 1942 the centre creases of the pockets were generally abolished for reason of simplification.

Zur Feldbluse Modell 1935, teilweise auch zur erdgrauen SS-Feldbluse Modell 1937, wurden Tuchhosen für Unberittene getragen. Diese nur mit Hosenträgern zu tragende Hose wurde mit vier grauen Hornknöpfen im Schlitz und einem Metallknopf am Bund geschlossen. Letzterer war hinten etwa 10 cm höher als vorne und konnte unter einem eingearbeiteten Schlitz durch Verstellen eines kleinen Stoffgurtes variiert werden. Etwa 2 cm unter dem Rand saßen vorne und hinten, links und rechts je zwei Leichtmetallknöpfe zum Befestigen der Hosenträger. Gefüttert war der obere Teil der Hose mit weißem oder graubraunem Stoff. Obwohl die Hose generell mit Marschstiefeln zu tragen war, waren die Hosenbeine unten an der Vorderseite etwas ausgeschnitten, damit sie beim Tragen von Schnürschuhen (meist beim Ausgang) nicht stauchten. Neben einer kleinen Uhrentasche auf der rechten vorderen Seite gab es zwei seitliche und eine Gesäßtasche, die allesamt keine Patten (Klappen) hatten und nur mit einem Hornknopf verschlossen wurden.

The battle dress model 1935 – as well as partly the earth grey battle dress 1937 – was worn with cloth trousers for unmounted soldiers. These trousers which were worn only with braces were closed with four grey horn buttons on the fly and a metal button on the waist. The waist was about 10 cm higher in the back than in the front and could be adjusted with a small strap of cloth under an inserted placket hole. About 2 cm below the waist, the trousers had two metal buttons on each side, in the front as well as in the back, to attach the braces. The upper part of the trousers was lined with white or grey brown material. Even though the trousers were supposed to be worn with marching boots, the cuffs were slightly cut out in the front, so the trousers would not wrinkle in case they were worn with normal shoes (mostly on leave). Apart from a small watch pocket on the right front side there were two pockets in the side and one on the back which none of them had any flap and were closed only with a horn button.

Die 1939/40 aufgestellten SS-Reiter-Standarten, sowie die sonstigen berittenen Einheiten bzw. die berittenen Vorgesetzten (Kompanieführer usw.) trugen Reithosen (Breeches). Diese unterschieden sich von den normalen Tuchhosen nur durch die oberhalb der Knie besonders weit geschnittenen Beine und den Umstand, daß die unterhalb dem Knie wieder enganliegenden Beine nur bis zur Hälfte der Waden reichten. Die Außennaht war hier auf zirka 20 cm bis zu den Hosenenden offen. Geschlossen wurden die Schlitze durch Knöpfe, Schnüre oder bei Eigentumshosen auch durch Reißverschlüsse. Bis 1940 wurde ein Reitbesatz (gegen Durchscheuern) aus Leder im

The SS-Reiter-Standarten and the other mounted units, respectively the mounted superiors (company commanders etc.) wore breeches. They differed from the usual cloth trousers only in the extremely wide cut of the legs above the knee and the fact that the legs that below the knee fit tightly again only reached to the middle of the calves. The outer seam was open for about 20 cm at the bottom of the legs. The fly was closed with buttons, string or, in case of trousers that were the wearer's property, with a zipper. Until 1940 the trousers had leather facings (against rubbing through) on the insides of the legs from the below the seat until below the knees. Later only a double layer of cloth was used as riding facings.

[17] V. Bl. d. Waffen-SS vom 15. August 1940, Ziffer 155

[18] *V. Bl. of the Waffen-SS from August 15th 1940, number 155*

Bereich des unteren Gesäßes entlang der Innenseiten der Oberschenkel bis unterhalb des Knies angebracht. Später wurde nur noch eine doppelte Tuchlage als Reitbesatz verwendet.

Unberittene Führer sollten sog. Stiefelhosen tragen. Diese entsprachen in der Form den Reithosen, verfügten aber über keinen Reitbesatz. Bis auf die unterschiedliche Farbe glichen sie den erdgrauen Breecheshosen von 1935–1937.

1942 wurde eine Keilhose eingeführt, die sich an der Berghose orientierte. Von der bisherigen Tuchhose für Unberittene unterschied sie sich durch den keilförmigen Schnitt der Hosenbeine und den etwa 12 cm langen Schlitz an der äußeren Naht des Hosenbeinendes. Im Bereich des unteren Gesäßes und Schritts war die Hose mit einer doppelten Tuchlage verstärkt. Links und rechts befanden sich zwei schmale Gurte zum Verstellen der Bundweite. Die Hose hatte vier Schlaufen, durch die die Koppel gezogen werden konnte. Am Bund befanden sich zwei Leichtmetallknöpfe und im darunterliegenden Schlitz drei Kunststoffknöpfe.

Am 12. Dezember 1939 übernahm die bewaffnete SS den feldgrauen Tuchmantel des Heeres. Dieser hatte das gleiche Tuch wie die Feldbluse, wobei das linke Vorderteil etwa 12 cm über die Kragenmitte hinaus auf die rechte Seite hinüberragte. In der Rückenmitte war eine Falte eingearbeitet, die durch vier kleine Hornknöpfe verschlossen wurde. Gleichfalls auf dem Rücken befand sich in Gürtellinie ein Stoffgurt, auf dem zwei Metallknöpfe befestigt waren. Die Vorderseite zeigte zwei Reihen à 6 Metallknöpfe sowie zwei eingelassene Seitentaschen. Am – bis 1940 dunkelgrünen – Kragen waren ein Haken und eine Öse zum zusätzlichen Verschließen befestigt. War der Kragen als Witterungsschutz hochgestellt, konnte man ihn mittels einer von der linken auf die rechte Seite geschlagenen Lasche fixieren. Die Ärmel hatten rund 23 cm hohe Aufschläge. Dienstgrade ab SS-Oberführer zudem silbergrauen Besatz am Kragenrevers. In dem von oben bis zur Hüfte eingearbeiteten feldgrauen oder beigefarbenen Innenfutter aus Fischgrätdrillich (bei Führern: Kunstseide) befand sich links eine Innentasche.

Im Gegensatz zur Wehrmacht trug die Waffen-SS generell den Hoheitsadler auf dem Mantel. Die ebenfalls häufig getragenen Kragenspiegel fielen mit Wirkung vom 1. Juli 1942 aus Rohstoffgründen weg. Im Gebrauch stehende Kragenspiegel waren von den Mänteln abzutrennen und auf den Feldblusen zu verwenden.[19] Eine Ausnahme bildeten die Garnisonstruppen der Waffen-SS: diese durften bis Ende 1944 noch Kragenspiegel

Unmounted Führer were supposed to wear socalled boot-trousers. Those were similar in cut to the breeches but did not have any facings. Apart from the different colour, they looked like the earth grey riding-breeches 1935–37.

In 1942, slacks were introduced that were adapted from the mountain pants. The difference to the cloth trousers for unmounted men was that the legs had a wedge-shaped cut and that it had a slit of about 12 cm at the outer seam. The lower part of the seat as well as the crotch were reinforced by a double layer of material. On both sides the trousers had a slim strap to adjust the width. They also had four belt loops for the belt. There were two buttons of light metal on the waistband and the fly was closed with three plastic buttons.

On the 12th of December 1939 the armed SS took over the field grey cloth coat of the army. It was made of the same material as the battle dress, and the left front lapel overlapped with the right about 12 cm from the middle of the collar. It had a crease down the centre of the back which was held together with four small horn buttons. Furthermore it had a strap in hip height on the back, with two metal buttons. On the front there were two rows with six buttons each and two side-pockets. On the collar – dark green until 1940 – a hook and eye was attached for closing. When the collar was put up for winter protection, it could be fixed with a flap which was attached on the left side The sleeves had 23 cm cuffs, ranks from SS-Oberführer on upwards additionally possessed silver grey facings on the lapels. The field grey or beige herringbone patterned lining which was fitted in the upper half down to the waist had an inner pocket on the left side.

As opposed to the Wehrmacht, the Waffen-SS generally had the imperial eagle on the coat. The usually worn collar patches were abandoned from July 1st 1941 because of lack of material. Collar patches already in use were to be taken off the coats and put on the battle dresses instead[20]. The garrison troops of the Waffen-SS were an exception: They were allowed to wear the collar patches on their coats until the end of 1944. Only on the first of January 1945 the SS FHA decreed that

[19] V. Bl. d. Waffen-SS vom 1. Juli 1942, Ziffer 169
[20] *V. Bl. of the Waffen-SS from July 1st 1942, number 169*

auf ihren Mänteln tragen. Erst am 1. Januar 1945 ordnete das SSFHA an, das auf truppeneigenen Mänteln generell keine Kragenspiegel mehr zu verwenden seien.[21]

Bis etwa 1942 wurden im Winter weiße Baumwollüberzüge mit Kragen oder Kapuze ausgegeben, die über den Mantel gezogen werden konnten.

Der Ledermantel, dessen Tragen generell Führern vorbehalten war, sollte im Schnitt und Farbton dem Tuchmantel entsprechen. Tatsächlich gab es durch die private Beschaffung viele Varianten. Offiziell war nur das Tragen von Schulterklappen erlaubt.

Die Marschstiefel, im Landserjargon als „Knobelbecher" bezeichnet, glichen denen der Kaiserzeit und waren aus naturbraunem Kernleder gefertigt, das von den Soldaten geschwärzt werden mußte. Der Schaft reichte zunächst bis knapp unter das Knie, wurde jedoch bereits im November 1939 aus Einsparungsgründen um vier Zentimeter gekürzt. Zum Erleichtern des Anziehens waren am linken und rechten Schaft Schlaufen aus dunkelfarbigen Leinen angebracht. Auf dem etwa drei Zentimeter hohen Absatz war ein rund fünf Millimeter breiter, hufeisenförmiger Eisenbeschlag angebracht. Auf der Halbsohle wurden zwischen 35 und 45 Sohlennägel eingeschlagen. Oft befand sich noch eine kleine halbrunde Eisenplatte an der Sohlenspitze.

Die Reitstiefel waren generell für Berittene vorgesehen, doch trugen sie auch gerne unberittene Führer oder Unterführer. Sie waren ähnlich den Marschstiefeln gefertigt, waren i.d.R. jedoch nicht benagelt und verfügten über einen längeren, enganliegenden Schaft, dessen Oberkante vorne etwas höher als hinten war. Zwischen dem Absatz und dem Schaft befand sich ein kleiner lederner Sporenhalter.

Die Bergschuhe, zunächst nur von den Angehörigen der SS-Divisionen „Nord" und „Prinz Eugen" getragen, reichten über den Knöchel und schlossen dort mit einem auf dem Leder aufgesetzten Tuchstreifen ab. Die besonders verstärkten Schuhe hatten metallene Ösen und Schnürhaken. Der besonderen Beanspruchung Rechnung tragend, waren die Schnürsenkel ebenfalls aus Leder. Am Sohlenrand, einschließlich des Absatzes, waren 49 sog. Kappennägel eingeschlagen. Auf der Sohlenfläche befanden sich 25 und auf dem Absatz 12 weitere runde Nägel. Die Schuhe, die auch als Skischuhe verwendet werden konnten, waren mit einem Gewicht von rund 2.000 Gramm besonders schwer.

Durch die Lederknappheit bedingt, wurden ab Sommer 1942 i.d.R. nur noch knöchelhohe Schnür-

troop-owned coats no longer were to have any collar patches at all[22]*.*

Until 1942, white cotton covers with collars or hoods were issued during the winter months which were put over the coats.

The leather coat which was exclusively reserved for Führer, was supposed to be equal to the cloth coat in cut and colour. In reality a multitude of different types existed because of private acquisitions. Officially only the wearing of shoulder straps was allowed.

The marching boots – called "Knobelbecher" (jackboots) in Landser jargon – were similar to those from the time of the Kaiser and were manufactured of brown bend leather which had to be blackened by the soldier himself. The leg first reached up to directly under the knee but already in November 1941 these were shortened by about 4 cm for economical reasons. To make them easier to put on, the left and the right leg had a strap of darkcoloured denim attached. The about 3 cm high heels had iron mountings, which were about 5 mm thick and horseshoe shaped. The instep had between 35 and 45 nails inserted. Often a small half rounded metal plate was attached to the tip.

The riding boots were generally reserved for mounted soldiers, but even so, unmounted Führer and Unterführer liked to wear them as well. They were similar in make to the marching boots but as a rule did not have any nails and had a longer and tight-fitting leg which was slightly higher in the front. Between the heel and the leg they had a small leather spur strap.

The mountain boots – initially only worn by members of the SS-divisions "Nord" and "Prinz Eugen" – came up over the ankles and at the top had a strip of cloth which was fixed to the leather. These specially reinforced shoes had metal eyelets and lace hooks. Because of the high strain these boots had to take, the laces were also of leather. Around the sides of the soles, including the heel, 49 so-called capnails were driven in. Further there were 25 round nails on the sole and 12 on the heel. The shoes which could also be used as ski boots, were especially heavy with their weight of approximately 2.000 gr.

Because leather was scarce, only ankle high boots were issued to the troops which were to be newly ap-

[21] V. Bl. d. Waffen-SS vom 1. Januar 1945, Ziffer 2

[22] *V. Bl. of the Waffen-SS from January 1st 1945, number 2*

schuhe statt der bisherigen Marschstiefel an neu aufzustellende Truppenteile ausgegeben.[23] Die wie die Marschstiefel benagelten Schnürschuhe wurden in ihrer braunen Naturfarbe ausgegeben und mußten von den Soldaten selbst geschwärzt werden.[24] Im Zuge weiterer Sparmaßnahmen wurde im Mai 1944 sogar das Schwärzen der Schuhe verboten. Beim Schnüren der Schuhe gab es eine ganze Reihe an Varianten: so wurden z.B. Ausführungen mit neun Ösen oder fünf Ösen und vier Haken gefertigt. Die Schuhe waren mit Segeltuchgamaschen zu tragen. Häufig zogen die Soldaten jedoch die Wollstrümpfe über die Hosenbeine und verzichteten somit auf die Gamaschen. Offiziell nicht statthaft, wurde dies 1944 im Verordnungsblatt der Waffen-SS nochmals ausdrücklich verboten.[25]

Bei den Gamaschen gab es zwei Ausführungen: Wickelgamaschen, die aus einem Paar langer, grauer, elastischer Webstreifen bestanden und zu den Bergschuhen zum Knie hin gewickelt wurden und die kleineren Segeltuch-Gamaschen, die nur etwa 13 cm hoch waren und an der Außenseite von vorne nach hinten geschnallt wurden. Die Oberkante war gerade und die mit einem Lederstreifen verstärkte Unterkante für den Spann etwas geschwungen gearbeitet.

Hans Balzer erinnert sich als ehemaliger Angehöriger der SS-TV an seine Einkleidung 1938: „Durch meinen Vater wurde ich bereits mit 16 Jahren Angehöriger der Allgemeinen-SS (1./SS-Standarte 88). Eine vollständige schwarze Uniform bekam ich gestellt und die Bierabende fand ich toll. Nach der Teilnahme am Reichsparteitag 1937 wurde ich in Wiesbaden für die bewaffnete SS gemustert und sollte mich am 22. Februar 1938 in Berlin einfinden. Dann kam der große Tag. Am Potsdamer Bahnhof angekommen, fuhr ich mit der S-Bahn zum Stettiner Bahnhof und wurde dort mit vielen anderen von einem Unterscharführer in einer feldgrauen Uniform empfangen. Ich kannte bis dato nur schwarze Uniformen der Allgemeinen SS. Obwohl ich wegen meiner Größe von 1,80 m gehofft hatte, zur SS-VT eingezogen zu werden, kam ich nun zu den SS-TV. 600 Rekruten bildeten den III. Sturmbann der 2. SS-Totenkopf-Standarte „Brandenburg“. Neben einer schwarzen Garnitur – als Ausgeh- und Paradeuniform – bekamen wir auch die erdgraue Ausführung. Bei der Einkleidung fragte ich mich, ob die Sachen aus Freikorpsbeständen kamen. Die Wehrmacht hatte ja eine andere Farbe und einen anderen Schnitt…

pointed, instead of the up to then normal marching boots from the summer of 1942[26]. These ankle boots which bore nails in the same way as the marching boots were also handed out in their original brown leather colour and had to be blackened by the soldiers themselves[27]. In the course of further economical measures, in May 1944 even the blackening of the boots was forbidden. The lacings were done in a widely varying manner: For example there existed versions with nine eyelets, or five eyelets and four hooks. The shoes were to be worn with canvas gaiters – often the soldiers would pull their woollen socks over the trouser legs though and dismiss the gaiters completely. Officially this was not allowed and explicitly forbidden in the regulations of the Waffen-SS 1944[28].

The gaiters were found in two variations: puttees which consisted of a pair of grey elastic strips of webbing, and accompanying the mountain boots were wound up to the knees, and the smaller canvas gaiters which were buckled front to back on the outside and were about 13 cm high. The upper border was straight, and the lower one which was reinforced by a leather strip, slightly arched.

Hans Balzer, a former member of the SS-TV, remembers his accoutrement in 1938: „Because of my father I became a member of the Allgemeine SS (1./SS-Standarte 88) already at the age of 16. I was issued a complete black uniform and I simply loved the beer evenings. After the participation in the Reichsparteitag 1937 I was mustered for the armed SS in Wiesbaden and was supposed to be in Berlin on the 28th of February 1938. Then the great day came. After I had arrived at Potsdam station, I went to Stettin station by tram and was, together with many others, received by an Unterscharführer in a field grey uniform. Up to then I had only known the black uniforms of the Allgemeine SS. Even though I had hoped to be assigned to the SS-VT, because of my height of 6 ft, I was assigned to the SS-TV. 600 recruits made up the III. Sturmbann of the 2. death's-head-standard 'Brandenburg'. Apart from a black outfit – as leave and parade uniform – we were also issued the earth grey version. At the accoutrement I asked myself if we got the things from volunteer corps supplies. The Wehrmacht had a different cut and colour after all…

---

23 V. Bl. d. Waffen-SS vom 1. Juli 1942, Ziffer 220

24 Wie bei allen Bekleidungsänderungen erhielten diese zunächst die Neuzugänge – so kam es also vor, daß manche Angehörigen einer Kompanie noch Knobelbecher trugen, während andere schon seit zwei Jahren Schnürschuhe hatten.

25 V. Bl. d. Waffen-SS vom 1. August 1944, Ziffer 430

26 *V. Bl. of the Waffen-SS from July 1st 1942, number 220*

27 *As with all changes in clothing, newcomers were first to receive them – thus it happened that some members of a company still wore the jackboots, while others had worn the ankle boots already for two years.*

28 *V. Bl. of the Waffen-SS from August 1st 1944, number 430*

Eine besondere Marotte Himmlers waren die offenen Spinde. Als einmal unsere Kompanie von einem mehrtägigen Manöver nach Hause kam, mußte gleich darauf das ganze Bataillon im Karree antreten. Zwei SS-Angehörige führten einen Kameraden, der nicht mit auf der Übung gewesen war, in die Mitte. Dort nahm ihm der Kommandeur persönlich die Schulterklappen und Kragenspiegel ab. Man schor ihm den Kopf, steckte ihn in Häftlingskleidung und führte ihn ab ins KL.

Er hatte in unserer Abwesenheit die Uniform seines Zugführers angezogen, war damit durch die Stadt stolziert und hatte auch noch dessen Zigaretten aufgeraucht..."

A special whim Himmler's were the open lockers. When our company returned one day from several days of manoeuvre, the whole battalion immediately had to step out in a square. Two SS-member led a comrade who hadn't been with us on manoeuvre to the middle. There the commander in person took away his collar patches and shoulder straps. They sheared his head, put him into prisoners garb and led him away to the concentration camp.

In our absence, he had put on the uniform of his platoon leader and had swaggered about the town, smoking all of the platoon leader's cigarettes at that..."

Tuchhose für Unberittene
Cloth trousers for unmounted men

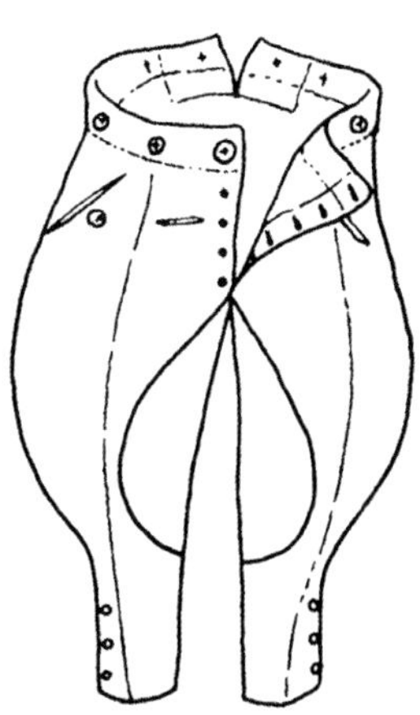

Reithosen
Riding-breeches

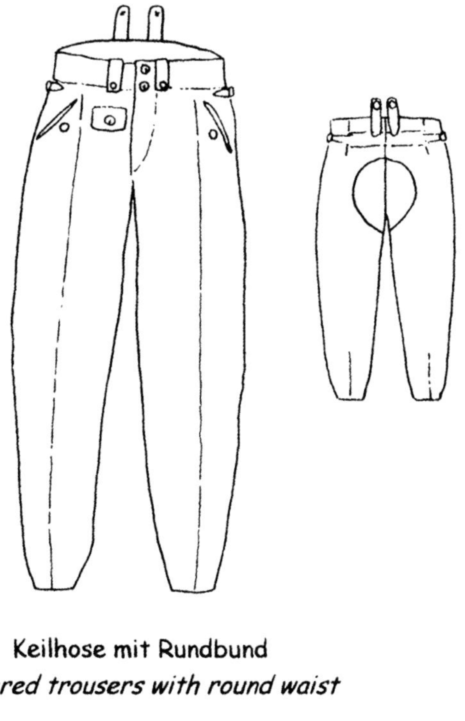

Keilhose mit Rundbund
Tapered trousers with round waist

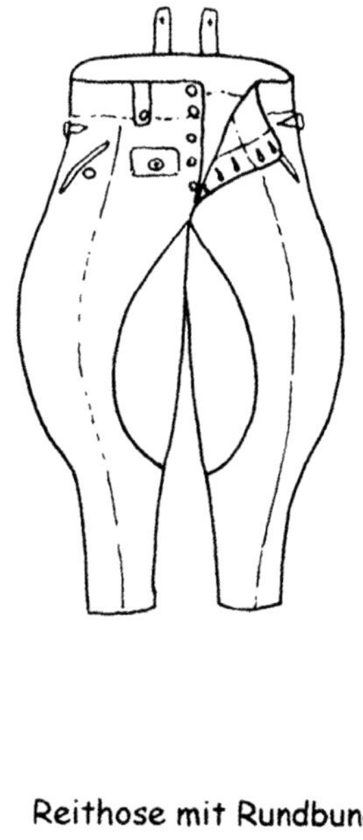

Reithose mit Rundbund
Riding-breeches with round waist

SS-Dienstrock
SS service tunic

SS-Feldbluse 1937
1937 SS battle dress

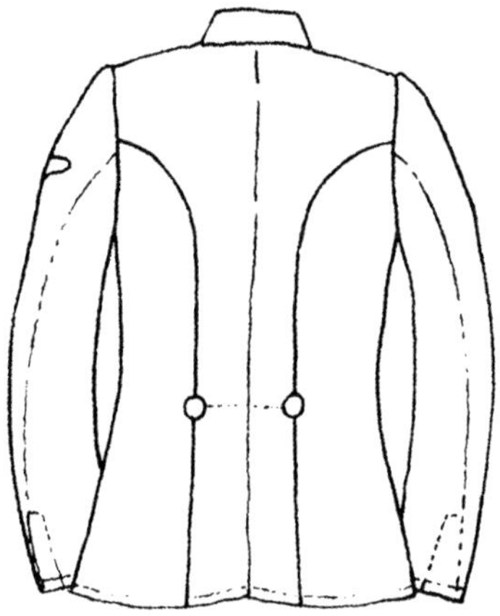

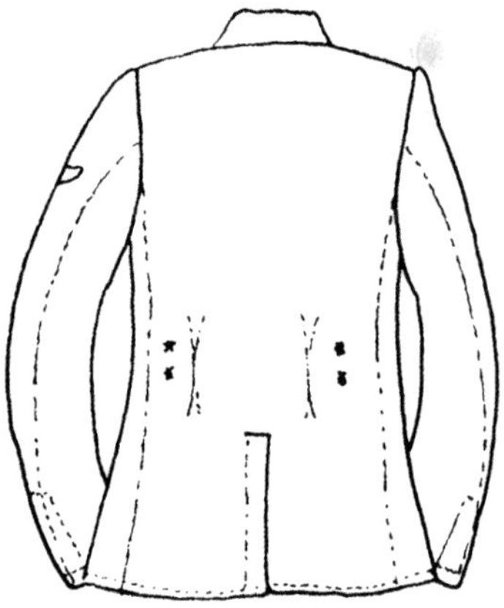

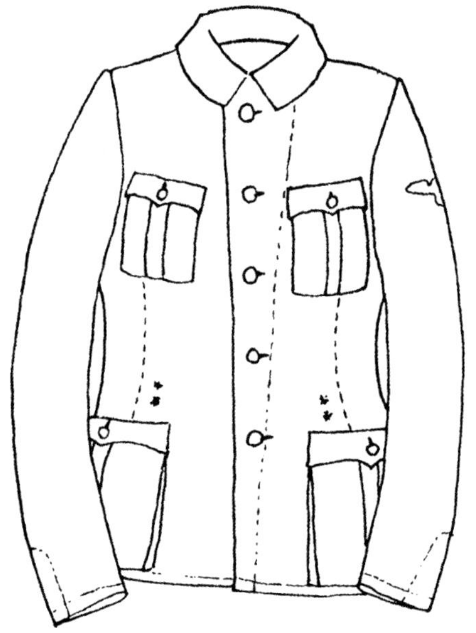

Feldbluse 1935
1935 battle dress

Feldbluse 1943
1943 battle dress

Die feldgraue Uniform

Stahlhelm 1935
steel helmet 1935

Schirmmütze für sonstige Dienstgrade. Der Kragenspiegel (Odal-Rune) weist den Soldaten als Angehörigen der 7. SS-Freiwilligen-Gebirgs-Division „Prinz Eugen" aus.
Peaked cap for other ranks. The collar patch (Odal-Rune) identifies the soldier as a member of the 7th SS-mountain rifle division.

Dienstmütze für SS-Führer

Peaked cap for SS-Führer

Feldmütze neuer Art (n.A.) mit Soutache-Winkel.
Der Soldat trägt außerdem eine Tarnjacke 2. Modell
(Platanenmuster) und eine Gesichtsmaske (heruntergezogen).
Forage cap (new type) with inverted "V" chevron.
The soldier is wearing a camouflage smock 2nd model
(plane-tree pattern) and a face mask.

Forage cap (new type) with inverted "V" chevron.
The soldier is wearing a camouflage smock 2nd model
(plane-tree pattern) and a face mask.

Feldmütze n.A. ohne Soutache-Winkel. Auf den Schulterklappen der Feldbluse 1940 liegen Überschübe mit den gestickten Initialen LAH.
Forage-cap (new type) without chevron. The covers worn on the shoulder straps of the battle dress 1940 have the embroidered initials LAH.

Bergmütze: Ausführung mit dem Hoheitsadler auf der Seitenklappe und dem Totenkopf an der Stirnseite.
Mountain cap: eagle on the turn-up and death's head on the front.

Bergmütze für SS-Führer.
Mountain cap for SS-Führer.

Bergmütze: Adler und Totenkopf an der Stirnseite.
Mountain cap: eagle and death's head on the front.

Bergmütze mit Edelweißabzeichen auf der Seitenklappe.
Mountain cap with stitched edelweiss to the left side.

Einheitsfeldmütze 1943
Field cap 1943

Dieser Gebirgsjäger trägt eine Feldbluse 1940. Man beachte noch die alte weiße Paspelierung auf den Schulterklappen.
This mountain rifleman is wearing a 1940 type battle dress. Notice the old colour of the arms – white on the shoulder tabs.

Feldbluse 1935
Battle dress 1935

Hier ist ein direkter Vergleich zwischen Waffen-SS und Heer möglich. Beide tragen die Feldbluse 1940 – der SS-Sturmmann jedoch bereits Schnürschuhe mit Gamaschen.
Here it is possible to compare the uniforms for Waffen-SS and Army directly. Both are wearing the battle dress 1940 but the SS-Sturmmann already has ankle boots and canvas gaiters.

Die beiden ukrainischen Freiwilligen tragen Feldblusen 1942 und Koppelschlösser der Ordnungspolizei. Die Uniform von SS-Brigadeführer Dr. Wächter ist aus Gabardine.
Both ukrainian volunteers are wearing 1942 type battle dress and belt buckle of the police. SS-Brigadeführer Dr. Wächter is wearing an uniform made of finer cloth.

Feldgraue Uniform 1944
Field grey uniform 1944

Diese beiden finnischen Unterführer tragen interessanterweise Stiefelhosen für Führer.
Interestingly enough, these two Finnish NCO's are wearing breeches for officers.

Die gerade Tuchhose ist hier gut erkennbar.
Here, the straight cloth trousers can be seen clearly.

Tuchmantel 1935
Overcoat 1935

Diese Soldaten tragen die Feldmützen a.A. (alter Art) und den Tuchmantel 1940.
These soldiers wear the forage cap (old type) and the overcoat 1940.

Tuchmantel 1940 für einen Angehörigen der SS-Totenkopf-Verbände.
1940 type overcoat for a member of the SS-Totenkopf-Verbände.

Ledermantel für Führer
Leather coat for Führer

Tuchmantel für einen Angehörigen der SS-Polizei-Division (Schulterklappen).
Overcoat for a member of the SS-Polizei-Division (shoulder straps).

Angehörige der SS-Freiwilligen-Gebirgs-Division „Prinz Eugen" und der kroatischen Ustascha. Interessanterweise tragen die Gebirgsjäger keine Bergstiefel, sondern „Knobelbecher".
Members of the SS-mountain rifle division "Prinz Eugen" and the Croatian Ustashe. Notice that the mountain rifleman are not wearing mountain boots, but jack boots.

„Knobelbecher"
Jack boots

Bergstiefel
mountain boots

Dieser SS-Oberscharführer trägt Bergstiefel und Wickelgamaschen.
This SS-Oberscharführer is wearing mountain boots and puttees.

Schnürschuhe
ankle boots

Diese estnischen SS-Freiwilligen haben anstatt der Gamaschen ihre Strümpfe über die Schnürschuhe gerollt. Man beachte die unterschiedlichen Feldblusen und Mützen.
Instead of the canvas gaiters, these Estonian SS-volunteers are wearing their thick, grey woollen socks rolled down over the ankle boots. Notice the different battle dress and caps.

Die feldgraue Uniform 1943
The field grey uniform 1943

Das Jahr 1943 brachte zahlreiche Änderungen im Bereich der Uniformierung mit sich. Nachdem seit dem 20. April 1943 der Stahlhelmrand aus Gründen der Zeitersparnis nicht mehr nach innen umgebördelt wurde, ordnete das SS-Hauptamt am 1. November 1943 auch den Wegfall der Sig-Runen auf der rechten Seite des Helmes an.

Da sich die Feldmütze n.A. (Schiffchen 2. Modell) durch den fehlenden Sonnenschutz der Augen als nicht besonders praktisch erwiesen hatte, übernahm die Waffen-SS im Oktober 1943 die von der Wehrmacht bereits eingeführte Einheitsfeldmütze.[29] Diese aus feldgrauem Tuch hergestellte Mütze ähnelte der Bergmütze, hatte jedoch einen größeren – ebenfalls mit Stoff überzogenen – Pappschirm. Führer trugen wieder teilweise Trikotstoff und eine Aluminiumpaspel am Mützendeckel. Die Seitenklappen konnten an der Stirnseite mittels zweier – später nur noch eines – Knöpfe gelöst und, wie bei der Bergmütze auch, über die Ohren gelegt werden. Die Abzeichen wurden zunächst wie bei der Feldmütze a.A. getragen, d.h. der Totenkopf an der Frontseite und der Hoheitsadler auf der linken Seite. Änderungen folgten in der Weise, daß später beide Abzeichen an der Stirnseite getragen wurden – zuletzt in Form eines einzigen Stoffdreiecks, auf dem Totenkopf und Adler zusammen gewebt waren. Teilweise kam es auch zur Verwendung von Metallabzeichen auf den Mützen. Die Mützen waren innen meist mit braunem oder grauem Drillichstoff resp. Kunstseide für Führer gefüttert.

Um zwischen Gebirgstruppen und anderen Waffengattungen unterscheiden zu können, wurde am 1. Oktober 1943 das Tragen des Edelweißabzeichens für Angehörige der Gebirgsjägereinheiten auf der linken Seitenklappe angeordnet.[30]

Bei den Feldblusen gab es vor allem Änderungen bei den Taschen. So wurden die Patten nicht mehr geschwungen, sondern gerade gefertigt. Gleichzeitig wurden die Taschen um einen Zentimeter auf etwa 17 cm verlängert. Bei den unteren Seitentaschen fielen die Einsatzstreifen weg, die ihnen davor eine Art Beutelform gegeben hatten.

With the year 1943 numerous changes came over the uniform. After the steel helmet rim was no longer flanged after April 1942, for reason of saving time, the SS-Hauptamt (main office) decreed on the 1st of November 1943 that the Sig-runes on the right side of the helmet were also to be abolished.

Since the field cap n.A. (forage cap 2nd model) did not prove very practical because of the lacking sun-protection for the eyes, in October 1943 the Waffen-SS took over the uniform field cap which had already been introduced by the Wehrmacht[31]. This cap made of field grey material looked similar to the mountain cap but it had a larger cloth covered carton peak. Führer partly had stockinet again and aluminium piping along the border. The side flaps were fastened to the front with two buttons – later only with one – and could be turned down over the ears, as with the mountain cap. The insignia initially were worn as on the field cap a.A. (old type), i.e. the death's-head on the front and the imperial eagle on the left side. The changes that followed were that both insignia were worn on the front – lastly in the form of a small cloth triangle that had both the death's-head and the imperial eagle woven into it. Partly also metal insignia were worn on the caps. The caps were lined with brown or grey denim, respectively synthetic silk for Führer.

To have the possibility to tell apart the mountain troops and the other branches, members of the Gebirgsjäger units had to wear the edelweiss insignia on the left turn-up[32].

The battle dress had its main changes regarding the pockets. The flaps were no longer curved but straight. At the same time the pockets were enlarged by one cm, to a length of 17 cm. The lower side-pockets no longer had the inserted strips that had given them a sort of baggy look before.

[29] V. Bl. d. Waffen-SS vom 1. Oktober 1943, Ziffer 355

[30] Außerdem wurde das Edelweißabzeichen für den rechten Oberarm eingeführt. Am 15. Dezember 1943 gab das V. Bl. der Waffen-SS, Ziffer 499 bekannt, daß dieses Abzeichen zwei Zentimeter in den Winkel für alte Kämpfer genäht werden sollte, sofern ein solcher getragen wurde. Bereits am 15. September 1943 war die wiesengrüne Waffenfarbe für die Gebirgsjägereinheiten eingeführt worden – davor trugen sie weiße Paspelierungen.

[31] *V. Bl. of the Waffen-SS from October 1st 1943, number 355*

[32] *Additionally, the edelweiss badge for the left upper arm was introduced. On December 15th 1943 the V. Bl. of the Waffen-SS, number 499 announced that these insignia were to be sewn 2 cm into the chevron for old fighters, as far as this was applicable. On the 15th of September 1943, the grass-green colour for mountain troops had been introduced – before that, they wore white piping.*

Mit Wirkung vom 28. Juni 1943 wurden die Keilhosen, Reithosen und Drillichhosen als sog. Rundbundhosen gefertigt. Ihnen fehlte damit der hochgezogene hintere Bund, so daß sie ohne weiteres nur mit Hemd und Gürtel getragen werden konnten.[33] Am Bund befanden sich nunmehr zwei Leichtmetallknöpfe – darunter zum Schließen des Hosenschlitzes drei Kunststoffknöpfe in einer verdeckten Leiste. Die Uhrentasche erhielt eine Klappe, die mit einem Knopf verschlossen wurde. Links und rechts am vorderen Bund, sowie eng aneinander liegend am Gesäßbund waren rund 1,5 cm breite Laschen angebracht, durch die das Koppel gezogen werden konnte. Die beiden hinteren konnten gelöst und zum Befestigen der Hosenträger verwendet werden. Am vorderen Bund war auf jeder Seite ein Leichtmetallknopf ebenfalls zum Befestigen der Hosenträger angebracht. Die Taillengröße war durch zwei links und rechts seitlich eingearbeitete Stoffbänder mit Schnallen verstellbar.

Die Mäntel erhielten 1943 einen größeren Kragen, so daß er hochgeschlagen einen besseren Witterungsschutz bot.

From June 28th 1943 the slacks, breeches and fatigue pants were manufactured as so-called round waisted trousers. That meant that they no longer had the higher waist in the back and could be worn with a belt and a shirt only[34]. They were now closed with two buttons of light metal, and the fly was closed with four plastic buttons in a covered button panel. The watch pocket had a flap added which could be closed with a button. For the belt there were four loops of 1,5 cm breadth attached to the waist, one each on the left and right side of the waist in the front, two more close to each other in the centre of the back. The two in the back could be loosened and used to attach the braces. The waist in the front had a button of light metal on each side, likewise to attach braces. The width was adjustable by two cloth straps with a buckle on the sides.

In 1943, the coats received a higher collar, so it could serve as a better protection when turned up in winter.

Man erkennt bei diesem SS-Hauptscharführer die geraden – und nicht mehr geschwungenen – Taschenpatten an der Feldbluse 43 sehr gut.
This photo of an SS-Hauptscharführer shows very well the straight – and no longer curved – pocket flaps on the battle dress model 1943.

[33] V. Bl. d. Waffen-SS vom 1. Oktober 1943, Ziffer 357
[34] *V. Bl. of the Waffen-SS from October 1st 1943, number 357*

Tuchmantel
Overcoat

Feldgraue Uniform 1944
1944 field grey uniform

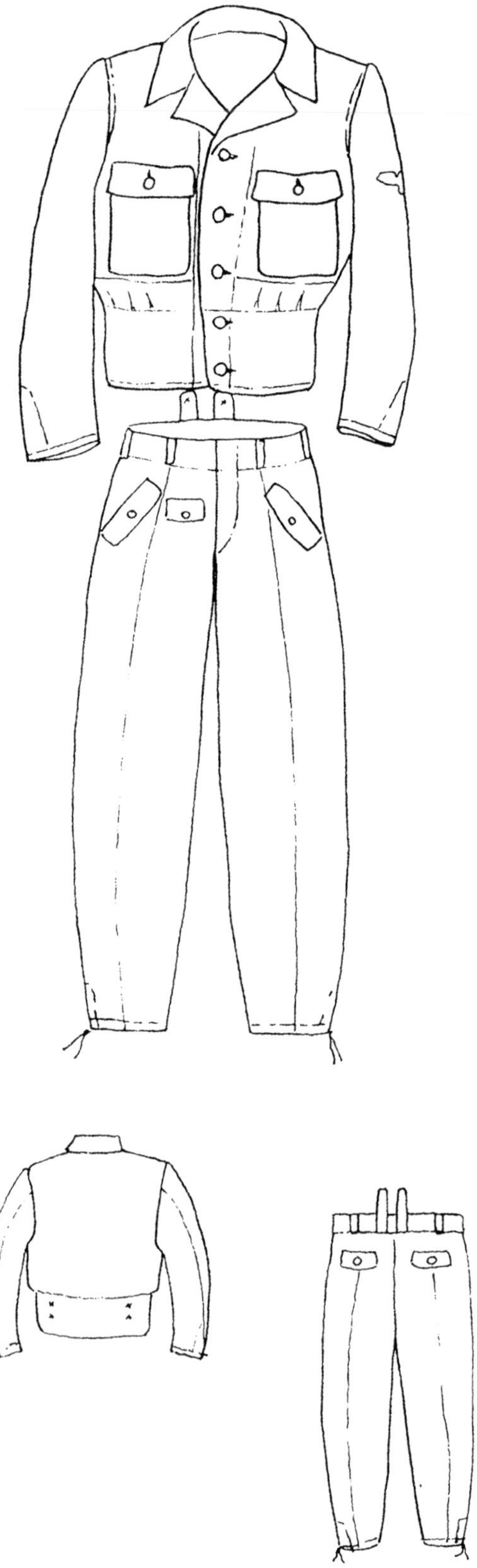

Übermantel - *Greatcoat*

Die feldgraue Uniform 1944
The field grey uniform 1944

Der zunehmende Mangel an Rohstoffen als auch einfachere Fertigungsvoraussetzungen für die meist angelernten Arbeiterinnen brachten am 25. September 1944 die Einführung der deutschen Standarduniform Modell 1944. Obwohl als „Feldgrau" bezeichnet, unterschied sich der Farbton stark von den bisherigen Uniformen. Himmlers Versuche, im Zuge der Standardisierung, die frühere erdgraue Farbe der bewaffneten SS-Verbände wieder einzuführen, scheiterten an Hitler. Letztendlich wurde der neue, ins Graubraune gehende Farbton als „Feldgrau 1944" bezeichnet. Die Qualität des Tuches war sehr unterschiedlich; neben sog. Reißwolle geringer Güte kamen auch verstärkt umgefärbte Beutestoffe zur Verwendung.

Prägnanter Unterschied zur Feldbluse Modell 1943 war die Verkürzung der Jacke und der dadurch bedingte Wegfall der beiden unteren Taschen. Nunmehr endete die Bluse in der Taille in einem rund 12 cm hohen Bund. Dafür wurden zwei Innentaschen angebracht. Die kleine Tasche für die beiden Verbandpäckchen wurde ganz aus der Jacke genommen und an der linken Gesäßseite der Hose angebracht. Drastisch war auch die Einsparung im Bezug auf die Knopfzahl. So wurde die Feldbluse anfänglich von sechs und zuletzt von vier Knöpfen geschlossen. Der Kragen erhielt, wie der Tuchmantel, eine Lasche, die es ermöglichte, den als Wetterschutz hochgestellten Kragen zu fixieren. Die Stofflasche wurde von der linken Vorderseite nach rechts geschlagen und dort mit einem Bakelitknopf befestigt.

Zur Felduniform Modell 1944 gehörte auch eine neue Feldhose. Diese konnte wahlweise als sog. Überfallhose über die Stiefel oder mit Gamaschen zu Schnürschuhen getragen werden. Somit stellte man die Produktion der sog. Keilhosen wieder ein. Der Hosenschlitz wurde mit fünf Hornknöpfen geschlossen. An dem etwa 5 cm hohen Bund befanden sich neben einem eingearbeiteten Stoffgürtel mit Dreidornschnalle sechs je ein Zentimeter breite Schlaufen, durch die ggfs. ein Lederkoppel gezogen werden konnte. Für das Befestigen eines Hosenträgers waren am hinteren Teil zwei Stoffstreifen angenäht. Hierzu saß vorne gleichfalls je ein Metallknopf im Innenfutter. Vorne befanden sich zwei Seiten- sowie eine Uhrentasche, am Gesäß waren zwei Taschen eingearbeitet, eine davon für Verbandpäckchen. Alle Taschen wurden mit Klappen und Bakelit- oder Preßpappeknöpfen verschlossen.

Die Mäntel erhielten 1944 noch eine große Kapuze aus feldgrauem oder einfachem Futterstoff, die zusammengefaltet unter dem Kragen lag und dort festgenäht war.

The increasing lack of resources as well as simpler manufacturing methods for the usually semi-skilled seamstresses led to the introduction of the German standard uniform model 1944 on the 25th of September 1944. Even though it was called field grey, the colour differed greatly from the hitherto existing uniforms. Himmler's attempts to reinstate the earlier earth grey colour for armed SS-units in the course of the standardisation failed because of Hitler. At last, the new colour which went towards grey brown was designated as "field grey 1944". The quality of the material was very different; apart from low-quality shoddy, looted material was redyed and used.

One significant difference to the battle dress model 1943 was the shortening of the jacket and at the same time the omission of the two lower pockets. The jacket ended now in the waist with a 12 cm waistband. Instead of the two lower pockets, two small pockets were inserted in the lining. The pocket for first aid kits was left out of the jacket completely and instead added to the trousers as a back pocket on the left side. There were also drastic economisations concerning the buttons. So the battle dress was initially closed with six and later with only four buttons. Like the cloth coat, the collar had a tab which made it possible to close it when it was turned up against the weather. The cloth tab was sewn to the left side and could be turned to the right and fixed with a Bakelite button there.

A new pair of field trousers also belonged to the field grey uniform 1944. They could be worn over the boots as so-called "pelmet pants" or with canvas gaiters and ankle boots – with that the production of slacks came to a stop again. The fly was buttoned with five horn buttons. Apart from a cloth belt with a three tongued buckle there were six cloth loops on the about 5 cm high waistband, through which the leather belt could be threaded. There were two strips of cloth sewn on in the back and a metal button on each side in the lining in the front to attach the braces. They had two sidepockets and a watch pocket in the front and two pockets in the back, one of them for the first-aid kits. All pockets could be closed with a flap and a button of plastic or pressed carton.

The coats received a large hood of field grey or simple lining material in 1944 which lay folded under the collar and was sewn fast there.

Schutzmantel für Kraftradfahrer

Protective coat for motor cyclists

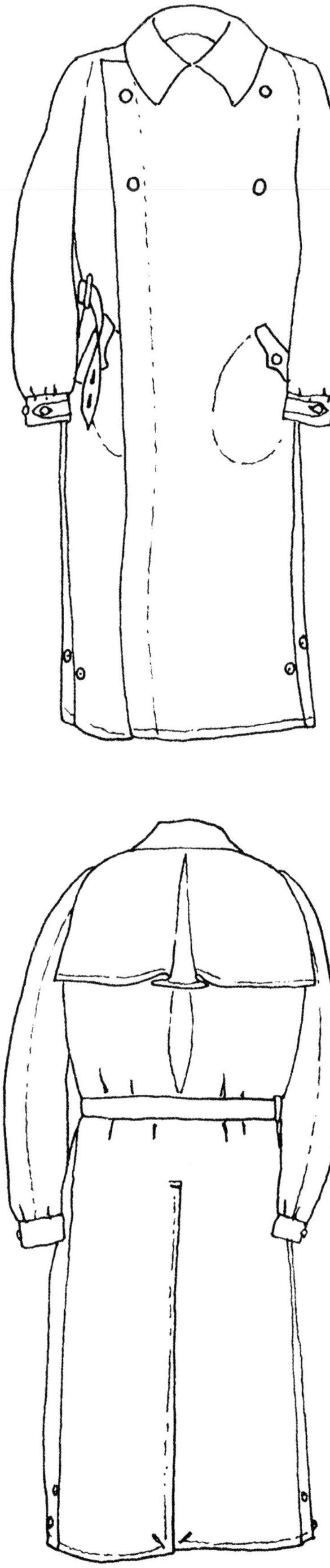

Sonderbekleidung für Panzerbesatzungen,
resp. grauer Feldanzug für Angehörige der
Sturmgeschütz- und Panzerjägereinheiten

*Black uniform for tank crews,
grey uniform for assault gun crews and anti-tank units*

Sonderbekleidung
Special clothing

Schutzmantel für Kraftradfahrer[35]
Protective coat for motor cyclists[36]

Der bis zu den Waden reichende sog. Kradmantel bestand aus gummiertem Zwirnköper und konnte unten durch je zwei Knöpfe um jedes Bein geschlagen werden. Das Oberteil des Kragens war bis 1940 mit dunkelgrünem und danach mit feldgrauem Uniformstoff besetzt. Da die Unterseite jedoch gummiert war, bot der Kragen hochgestellt trotzdem Nässeschutz. Vorne waren zwei Seitentaschen, die mit geschwungenen Patten und je einem Knopf verschlossen wurden. Auf der Rückseite befand sich ein nach unten offener Besatz, der zur Belüftung gedacht war. Der Ärmelabschluß konnte durch zwei Knöpfe verstellt werden. Um die Gummierung nicht zu beschädigen, war – bis auf die Waffe und die Gasmaskenbüchse – die Ausrüstung unter dem Mantel zu tragen. Eine Ausnahme stellte das Gefecht dar, hier durfte die Ausrüstung über den Kradmantel gezogen werden. Da sich auch sonstige Führer und Unterführer den Kradmantel wegen seiner Witterungsbeständigkeit gerne besorgten, erging 1943 der Befehl, daß er im Dienst nur von Angehörigen getragen werden durfte, die offiziell mit ihm ausgestattet wurden. Im Gegensatz zu den übrigen Mänteln wurden bis auf die Schulterklappen keinerlei Abzeichen getragen.

The calf length so-called Krad-coat was made of rubberised twine and could be wrapped around each leg with the aid of two buttons on each side. The upper part of the collar was trimmed with dark green cloth until 1940, and after that with field grey cloth. Since the outside was rubberised the collar provided protection against rain when it was turned up. In the front it had two side-pockets which were closed with a curved flap and a button. On the back it had a trimming which was open at the bottom for ventilation. The cuffs could be adjusted with two buttons. To keep the rubberisation intact, the equipment, apart from rifle and gas mask, had to be worn under the coat. An exceptional situation was in battle, when the equipment could be worn on top of the coat. Since other Führer and Unterführer also appreciated this coat because of its weather resistance, the order was issued in 1943 that only eligible members that had officially been equipped with this coat were allowed to wear it on duty. As opposed to the other coats no insignia were worn with this one, apart from the shoulder straps.

Schwarze Sonderbekleidung für Panzerbesatzungen[37]
Black special clothing for tank crews[38]

Am 1. April 1936 wurde im Rahmen der Leibstandarte SS „Adolf Hitler" ein Zug mit leichten Panzern aufgestellt. Die Angehörigen erhielten die leicht veränderte, zwei Jahre vorher bei der Wehrmacht eingeführte schwarze Sonderbekleidung für Panzerbesatzungen.

Die Vorderteile der nur bis zur Taille reichenden Feldjacke gingen etwa 13 cm über die Kragenmitte hinaus und waren im Gegensatz zur Ausführung des Heeres nicht leicht schräg nach unten zur Mitte

On the 1st of April 1936 a platoon with light tanks was established within the framework of the Leibstandarte of the SS "Adolf Hitler". The members received the slightly changed black special clothing for tank crews that had been introduced by the Wehrmacht two years earlier.

The front of the only waist-long field jacket overlapped by about 13 cm and was cut straight in difference to the one of the army which was cut slightly diagonally towards the waist. The left part had a covered button

[35] V. Bl. d. Waffen-SS vom 1. Februar 1943, Ziffer 216

[36] *V. Bl. of the Waffen-SS from February 1st 1943, number 216*

[37] Im Laufe des Krieges trugen diese schwarze Sonderbekleidung auch die Angehörigen der SS-Panzer-Aufklärungs-Abteilungen, hier jedoch mit goldgelber Waffenfarbe auf den Schulterklappen.

[38] *In the course of the war, also members of the SS-tank-reconnaissance-units wore the black special clothing. The only difference was the gold yellow colour of arms on the shoulder straps.*

hin, sondern gerade geschnitten. Das linke Vorderteil hatte unterhalb der Brustklappe eine verdeckte Knopfleiste mit vier Kunststoffknöpfen. Auf der Brustklappe befanden sich weitere drei. In der Regel wurde die Brustklappe offen getragen, konnte jedoch durch die drei Knöpfe sowie einen Haken und eine Öse am Kragen geschlossen werden. Während die Taille innen durch Zugbänder eingestellt wurde, konnten die Ärmel wie bei den gewöhnlichen Feldblusen durch zwei wahlweise nutzbare Kunststoffknöpfe verändert werden. Bis 1942 erhielt der Kragen eine rosa Paspelierung (Waffenfarbe der Panzertruppen). Außer den Angehörigen der Leibstandarte trugen die Unterführer keine Silberlitzen am Kragen. Zum Ende des Krieges hin verringerte sich die Zahl der Knöpfe auf vier; drei unterhalb der Brustklappe und einen auf der Brustklappe.

panel with four plastic buttons under the chest flap, the chestflap itself had three buttons. As a rule the chest flap was worn open but it could be closed with three buttons and an eye and hook on the collar. While the waist could be adjusted with drawstrings on the inside, the sleeves had two individually applicable buttons, like the ones of the common field dress, with which they could be varied. 1942 the collar received pink piping (colour of arms of the tank troops). Apart from the members of the Leibstandarte, the Unterführer did not have any braiding on their collars. Towards the end of the war the number of buttons was reduced to four – three under, and one on the chest flap.

Die Hose war in Form einer Überfallhose mit einem etwa 6,5 cm hohen Rundbund geschnitten. Links von dem vorne eingearbeiteten Stoffgürtel mit Dreidornschnalle befand sich eine Lasche, die als Halt für die Lederkoppel gedacht war. Es gab auch Varianten ohne eingearbeiteten Stoffgürtel. In diesem Fall wurde die Hose mit zwei Knöpfen im Bund und vier im Bereich des Schlitzes geschlossen. Das Koppel konnte durch sieben Schlaufen gezogen werden. Im Bereich des Bundes waren aber alle Hosen i.d.R. mit weißem oder grauem Baumwollstoff gefüttert und verfügten über zwei schräg eingesetzte Seitentaschen, eine Uhrentasche sowie zwei Gesäßtaschen; die linke davon für zwei Verbandpäckchen. Bis auf die vorne rechts eingearbeitete Uhrentasche wurden alle mit Patten verschlossen, wobei es Ausführungen mit einem oder zwei Knöpfen gab. Fehlte der Stoffgürtel, so befanden sich an der linken und rechten Seite kleine Schnallen zum Verstellen der Bundweite. Diese Ausführungen waren generell auch mit einem doppelten Stoffbesatz im Bereich des Gesäßes ausgestattet. An den Beinenden saßen zirka 16 cm lange Schlitze, die mit Kunststoffknöpfen und grauen Stoffbändern verschlossen wurden.

The trousers were cut as pelmet pants with a round waist of about 6,5 cm height. To the left of the cloth belt with a three tongued buckle they had a loop that was worked in at the front which was meant for the leather belt. There were also variations without the cloth belt. In this case the trousers were closed with two buttons in the waist and four in the fly. The belt could be threaded through seven loops. As a rule, all trousers were lined with white or grey cotton in the waist area and had two diagonal side-pockets, a watch-pocket and two back pockets – the left one of those for two first-aid kits. Apart from the watch-pocket on the right front side, all pockets were closed with a flap, in variations with one or two buttons. When there was no cloth belt, the trousers had a small buckle on each side to adjust the waist. This style generally had a double layer of cloth on the seat. The cuffs each had a 13 cm opening which could be closed with plastic buttons and grey cloth ribbons.

Die Schutzmütze für Panzertruppen war außen mit schwarzem Tuch und innen mit schwarzem Wachstuch bezogen. Der untere Rand wurde mit Schwammgummiringen gepolstert und entweder mit schwarzem Tuch oder schwarzem Leder bezogen. Die Halbkugel hatte vier oder auch sechs Lüftungslöcher und erhielt einen schwarzen Stoffüberzug in Form einer großen Baskenmütze. Auf die Stirnseite wurden besondere – größere – Ausführungen des Hoheitsadlers und des Totenkopfes genäht. Während das Heer das Tragen der Schutzmütze mit Verfügung vom 15. Januar 1941 einstellte, verwendete sie die Waffen-SS noch bis zum Spätsommer 1941. Danach trugen die Panzerbesatzungen meist die Feldmütze n.A. (Schiff-

The protective cap for tank units was covered with black cloth on the outside and lined with black oilcloth. The lower rim was padded with sponge rubber and covered with either black cloth or black leather. The round part of the cap had four or six ventilation holes and received a black cloth cover in the form of a large beret. Special, i.e. bigger, variations of the imperial eagle and the death's-head were sewn to the front. While the army abandoned the wearing of the protective cap from the 15th of January 1941, the Waffen-SS kept on using it until late summer 1941. After that the tank crews wore the field caps n.A. (forage caps 2nd model) in black cloth, and from October 1943 the uniform field cap which was also made of black cloth. This one then usually had two blackened buttons in the front.

chen 2. Modell) aus schwarzem Stoff und ab Oktober 1943 die ebenfalls aus schwarzem Tuch gefertigte Einheitsfeldmütze. Diese hatte dann i.d.R. zwei geschwärzte Knöpfe an der Stirnseite.

Angehörige des SS-Panzer-Regiments 1 „Leibstandarte Adolf Hitler" erhielten Anfang Januar 1944 einen zweiteiligen Lederanzug. Hierbei handelte es sich ursprünglich um eine Sonderbekleidung der deutschen Kriegsmarine. Der damalige Angehörige der Leibstandarte Rolf Reiser erinnert sich: „Etwa am 4. Januar 1944 kamen Lkw zu uns, die bis oben hin mit Lederbekleidung der Kriegsmarine beladen waren. Wir begrüßten diese Sonderbekleidung aus mehreren Gründen: einerseits blieben wir nun im Panzer nirgends mehr hängen, sie hielt uns warm und war praktischer beim An- und Ausziehen als die Winterkombination."

Die durchgehend mit beigem Baumwollstoff gefütterte Lederjacke verfügte nur über eine Art Stehkragen und besaß eine Brusttasche auf der linken Seite sowie zwei eingelassene Seitentaschen mit ungeknöpften Patten im unteren Bereich. Sie wurde mit sechs Metallknöpfen der Kriegsmarine geliefert. Die Soldaten tauschten diese meist gegen die gewöhnlichen feldgrauen, gekörnten Metallknöpfe aus. Getragen wurden als einzige Abzeichen Schulterklappen, für die jedoch erst Laschen und Knöpfe angenäht werden mußten. Die Ärmelenden konnten mit einer Schlaufe auf zwei Weiten geknöpft werden.

Die nur im Bund mit Stoff gefütterte, besonders hohe Lederhose wurde in einer verdeckten Leiste mit vier Kunststoffknöpfen im Hosenschlitz, sowie einem Haken und einem Knopf im Bund verschlossen. Sie verfügte nur über zwei vordere Taschen mit ungeknöpften Patten, wobei der Taschenbeutel der linken Seite noch über eine kleine aufgesetzte Tasche verfügte. Die Hosen konnten im Beinabschluß mit einer Schlaufe auf drei Weiten geknöpft werden. Im Bund befanden sich vorne und hinten je 2 x 2 Knöpfe für die Hosenträger.

Members of the SS-tank-regiment 1 "Leibstandarte Adolf Hitler" received a two-piece leather suit in the beginning of January 1944. This was originally intended as special clothing for the German navy. The former member of the Leibstandarte Rolf Reiser remembers: „Around the 4th of January 1944, lorries came to us which were stacked to the roof with leather clothing for the German navy. We welcomed these garments for several reasons: On the one hand our clothes did not get caught within the tanks any longer, it kept us warm and was more practical for dressing and undressing than the winter combination."

The jacket which was completely lined with beige cotton, had a sort of stand-up collar, and a breastpocket on the left as well as two side-pockets with unbuttoned flaps lower down. It came with six navy metal buttons. The soldiers mostly exchanged these with the regular field grey, grained metal buttons. The only insignia were shoulder straps, for which buttons and tabs had to be sewn on first though. The cuffs could be adjusted for two widths by a tab and a button.

The especially high cut leather trousers that were lined with cloth only in the waist were closed with four buttons in a covered button panel in the fly, as well as a hook and a button in the waist. They had only two front pockets with unbuttoned flaps, and additionally a small appliquéd pocket on the left pocket pouch. The pants could be varied to three widths with a tab at the bottoms. For braces, the waist had two time two buttons in the front and in the back.

Schutzanzug, Drillich, für Panzerspähwagen-Besatzungen
Protective garment for armed patrol car units (denim)

Uniform für SS-Helferinnen
Uniform for SS-aides

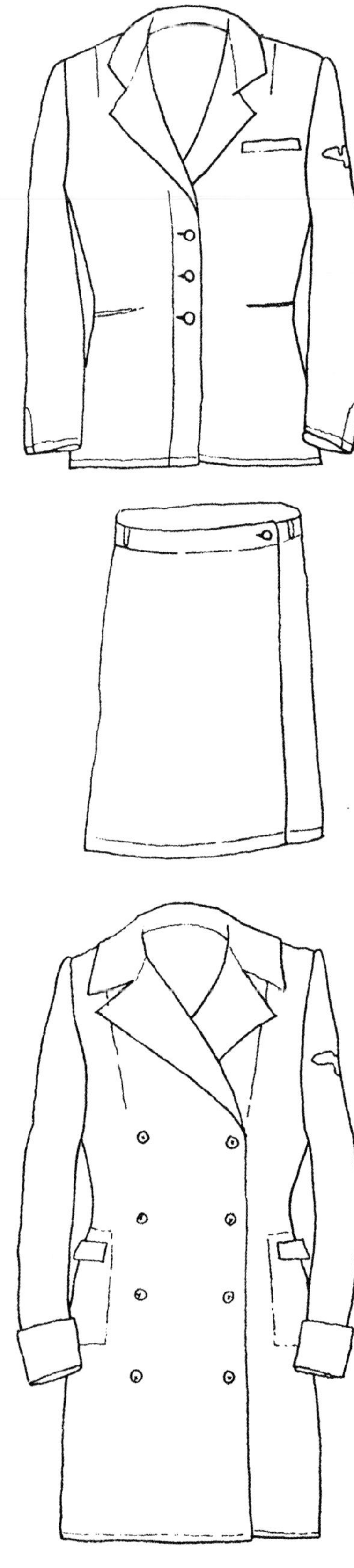

Grauer Feldanzug für Angehörige der Sturmgeschütz- und Panzerjäger-Einheiten[39]
Grey field suit for members of the assault gun crews and anti-tank units[40]

Am 15. August 1942 gab das Verordnungsblatt der Waffen-SS bekannt, daß alle Angehörigen der Sturmgeschütz-Einheiten mit dem neu eingeführten zweiteiligen grauen Feldanzug ausgestattet werden sollten. Dieser war bis auf die Farbe mit dem Schnitt und der Ausführung der Sonderbekleidung für Panzerbesatzungen identisch. Unterführer trugen auch hier generell keine Kragenlitze. In geringem Umfang kam kurzfristig auch eine graue Schutzmütze zur Auslieferung. Grundsätzlich waren die ebenfalls neu eingeführten Schnürschuhe anstatt der Marschstiefel zu benutzen. Ab 1. Dezember 1942 wurde der Feldanzug auch an Angehörige der Panzerjäger-Einheiten ausgegeben.

On the 15th of August 1942 the Regulations of the Waffen-SS announced that all members of the assault gun crews were to receive the newly introduced grey two-piece field suit. Apart from the colour, this was identical with the special clothing for tank crews in cut and make. Here as well the Unterführer generally did not wear any braiding on their collars. On a small scale and for a short time a grey protective cap was also available. In principle the similarly newly introduced ankle boots were to be worn instead of the marching boots. From the 1st of December 1942 the field suit was handed out to members of the anti-tank-units as well.

Schutzanzug, Drillich, für Panzerspähwagen-Besatzungen
Protective suit, denim, for armed patrol car units

Mit Wirkung vom 1. September 1941 wurden die Besatzungen der Panzerspähwagen mit einem Schutzanzug (Jacke und Hose) aus schilfgrünem Drillich ausgestattet.[41] Aufgrund des einfach zu reinigenden Drillichstoffes eignete sich die Uniform vor allem als Arbeitsanzug, bzw. im Sommer als leichte Sommerbekleidung. Der Schnitt war der schwarzen Felduniform sehr ähnlich, jedoch war auf der linken Brustseite und dem linkem Oberschenkel je eine größere Tasche aufgenäht, die mit einer Patte verschlossen wurde. In der Jacke waren links und rechts Zugbänder eingearbeitet, die die Taillengröße variieren ließen. In den Achseln befanden sich Belüftungsschlitze. Die mit Dienstgradabzeichen, Hoheitsabzeichen und Kragenspiegeln versehene Jacke wurde durch Leichtmetall- und später durch Preßpappe-Knöpfe geschlossen.

Die Hose war als Rundbundhose geschneidert und verfügte über einen eingearbeiteten Gürtel, der mit einer Dreidornschnalle verschlossen wurde. Auf der linken Seite befand sich eine Schlaufe zur Fixierung des Lederkoppel. Neben zwei Gesäßtaschen, einer Uhren- und einer größeren Tasche für das Kehlkopfmikrofon auf der rechten Vorderseite befand sich auf der linken Vorderseite eine normale Hosentasche. Hinter den Vordertaschen hatte die Hose zwei schmale Öffnungen, durch die der Soldat ggf. in die darunterliegende schwarze Hose greifen konnte.

With effect from the 1st of September 1941, the units of armed patrol cars were equipped with a protective suit (jacket and trousers) made of green denim[42]. Because the denim was so easy to clean, the uniform was very suitable as a working dress or as light summer clothing. The cut was very similar to that of the black field uniform, but it had a larger appliquéd breast-pocket on the left side and one on the left leg that were closed with a flap. The jacket had draw-strings with which the waist could be adjusted. It had ventilation holes in the armpits. The jacket had rank insignia, nationality insignia and collar patches and could be closed with four buttons which initially were of light metal and later of pressed carton.

The trousers were manufactured as round-waisted and had a worked-in belt with a three-tongued buckle. To the left it had a loop to attach the leather belt. Apart from two back pockets, a watch pocket and a larger pocket for the throat microphone on the right front side, it had a regular front pocket on the left. Behind the front pockets the trousers had had two small openings through which the soldier on occasion could reach the pockets of the trousers worn beneath.

[39] V. Bl. d. Waffen-SS vom 15. August 1942, Ziffer 283 und V. Bl. d. Waffen-SS vom 1. Dezember 1942, Ziffer 434
[40] *V. Bl. of the Waffen-SS from August 15th 1942, number 283 and V. Bl. of the Waffen-SS from December 1st 1942, number 434*
[41] V. Bl. d. Waffen-SS vom 1. September 1941, Ziffer 355
[42] *V. Bl. of the Waffen-SS from September 1st 1941, number 355*

Schutzanzug für Bedienungen der Flak
Protective suit for anti-aircraft units

Mit Wirkung vom 1. September 1942 führte die Waffen-SS einen zweiteiligen, schwarzen Drillich-Schutzanzug für Bedienungen der Flak ein.[43] Dieser glich bis auf die Farbe dem gewöhnlichen Drillichanzug.

With effect from the 1st of September 1942 the Waffen-SS introduced a black two-piece protective suit of denim for members of the anti-aircraft units[44]. Apart from the colour, this was identical with the regular fatigue suit.

Sonderbekleidung für Fallschirmjäger
Special clothing for paratroopers

Das SS-Fallschirmjäger-Bataillon 500 wurde im September 1943 mit vier Kompanien und einer Feldausbildungs-Kompanie aufgestellt und mit der Sonderbekleidung für Fallschirmjäger der Luftwaffe ausgestattet. Über ihrer gewöhnlichen Feldbluse trugen die Soldaten somit die grünmelierten bzw. in Splittertarnung der Wehrmacht gefertigten sog. „Knochensäcke" aus Drillichstoff. Die partiell mit beigem Baumwollstoff oder auch Kunstseide gefütterte Jacke reichte bis zur Mitte der Oberschenkel. Für den Sprungeinsatz war sie um die Beine zu schlagen und dort mit Druckknöpfen zu fixieren. Die beiden schräg eingesetzten Brusttaschen sowie die beiden horizontalen Beintaschen wurden mit Reißverschlüssen versehen. Der 1940 eingeführte Knochensack in Splittertarnung wurde im Gegensatz zu dem früheren grünmelierten nicht geknöpft (verdeckte Knopfleiste), sondern mit einem Reißverschluß geschlossen. Ein weiterer Unterschied zwischen diesen beiden Anzügen lag darin, daß die grüne Ausführung seitlich zwei Öffnungen hatte, durch die der Soldat in die darunterliegende Uniform greifen konnte. Bei allen Knochensäcken befand sich hinten rechts eine aufgenähte Tasche für eine Signalpistole und links hinten eine Halterung für den Stiel des Klappspatens.

Die mit Drillich oder Kunstseide gefütterte Hose hatte vorne zwei Taschen sowie eine Uhrentasche und hinten zwei Gesäßtaschen; eine davon für Verbandpäckchen. Alle Taschen hatten Patten. Die vorderen wurden mit Druckknöpfen, die hinteren mit Kunststoffknöpfen verschlossen. In Höhe des Knies waren auf jeder Außenseite Schlitze mit je drei Druckknöpfen eingearbeitet, um die Gummikniepolster nach der Landung abnehmen zu können. Am rechten Hosenbein war ebenfalls auf Kniehöhe eine kleine Tasche mit zwei Druckknöpfen für das Kappmesser vorhanden. Die Beinenden schlossen mit Zugbändern ab, mit denen die Hose im sog. Überfall über den Schuhen getragen werden konnte.

The SS-paratrooper-battalion 500 was mustered in September 1943 with four companies and a field training unit and was equipped with the special clothing for paratroopers of the air force. Over their regular battle dress the soldiers wore the streak-green, respectively splinter-pattern camouflaged jump smock made of denim. The jacket which was partially lined with beige cotton or even synthetic silk had thigh length. For a jump it had to be wrapped around the legs and fixed there with a press button. The two diagonally inserted breastpockets and the two horizontal leg pockets had zippers. The jump smock with splinter-camouflage-pattern which was introduced 1940 was not buttoned like the streak-green one (covered button panel), but closed with a zipper. Another difference was that the green version had two openings in the side through which the soldier could reach the uniform beneath. All jump smocks had an appliquéd back pocket for the signal pistol on the right back side and on the left a mounted support for the handle of the folding spade.

The denim- or synthetic silk-lined trousers had two front pockets as well as a watch pocket and two back pockets, of which one of them was for Band-Aid kits. All pockets had flaps – the front ones were closed with press buttons, the back ones with pressed carton buttons. In knee height they had three slits on the outer side with three press buttons each to make it possible to detach the rubber knee protectors after landing. On the right leg, also in knee height, there was a small pocket with two press buttons for the cleaver. The cuffs had drawstrings, with which the trousers could be worn outside the boots.

---

43 V. Bl. d. Waffen-SS vom 1. September 1942, Ziffer 308

44 *V. Bl. of the Waffen-SS from September 1st 1942, number 308*

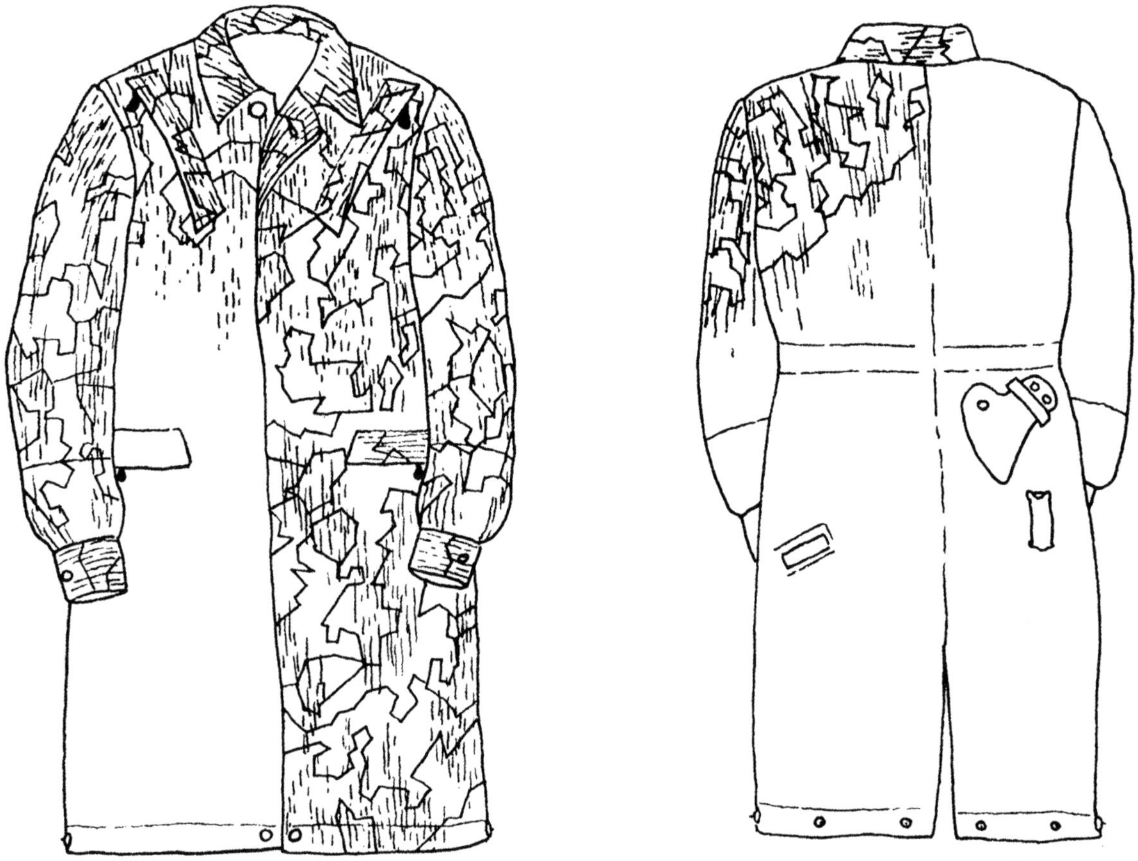

„Knochensack“ (Splittertarnmuster)
Jump-smock (splinter pattern camouflage)

Feldgraue Fallschirmjäger-Hose
Field grey paratrooper trousers

Bei dem Helm handelte es sich um den Fallschirmjägerhelm der Luftwaffe Modell 1936. Dieser unterschied sich vom gewöhnlichen Wehrmachthelm durch die verkürzten, immer umgebördelten Schirmränder. Das Schweißleder hatte 12 runde Entlüftungslöcher und war mit einem Leichtmetallring und vier sog. Linsenkopfschrauben à sechs Millimeter Durchmesser (je eine seitlich und zwei hinten) am Stahlhelm befestigt. Zwischen Innenleder und Helm waren sieben Schwammgummipolster als Stoßdämpfung eingesetzt. Die graublauen Verschlußriemen aus Ziegenleder, die mit Druckknöpfen sowie einer Metallschnalle verschlossen werden konnten, teilten sich vor den Ohren, so daß jeweils vor und hinter jedem Ohr ein Lederriemen für einen festen Sitz sorgte.

Die SS-Fallschirmjäger erhielten i.d.R. das zweite Modell der Fallschirmschützen-Stiefel der Luftwaffe. Diese waren höher als die normalen Schnürschuhe, wurden mit 12 Metallösen geschnürt und hatten eine meist unbenagelte Ledersohle.

Mit diesen Uniformen nahmen sie an den beiden Sprungeinsätzen der Waffen-SS im Jahre 1944 auf dem Balkan teil. Nachdem in den letzten Jahren verschiedentlich Exemplare der speziellen Sonderbekleidung für SS-Fallschirmjäger im sog. Erbsen-Tarnmuster auftauchten, ist es anzunehmen, daß das SS-WVHA in der zweiten Jahreshälfte 1944 einige derartige Prototypen herstellen ließ.[45] Sie unterscheiden sich von den Ausführungen der Luftwaffe in der sog. Splittertarnung nur durch das Tarnmuster und dadurch, daß sie mit fünf Kunststoffknöpfen an der Vorderseite verschlossen werden.

The helmet was the paratrooper helmet of the air force model 1936. This one differed from that of the Wehrmacht in that it had a shorter rim which was always flanged. The leather sweatband had 12 round ventilation holes and was fastened to the helmet with a light metal band and four so-called lentil-head-screws of about 6 mm diameter, one on each side and two in the back. Between the leather lining and the helmet were seven sponge rubber pads as shock-absorbers. The blue-grey chin straps of goat leather were closed with press buttons and a buckle and parted in front of the ears, so a firm leather strap before and behind each ear provided a secure hold.

As a rule the SS-paratroopers received the second model of the paratrooper rifle men boots of the air force. These were higher than the regular ankle boots, were laced with 12 metal eyelets and usually did not have any nails in the sole.

With those uniforms they participated in the two operations of the Waffen-SS on the Balkan in 1944. Since in the last years the special clothing for SS-paratroopers on various occasions appeared in the so-called polka dot pattern, it is to be assumed that the SS-WVHA had some of these prototypes manufactured during the second half of the year 1944[46]. The only difference to the jump smocks with splinter pattern of the air force lies in the pattern and in that it was closed with five plastic buttons in the front.

Flammenwerfer-Schutzanzug
Flame-thrower protection suit

Der bei der Waffen-SS verwendete graue Flammenwerfer-Schutzanzug aus säurefestem Material bestand aus einer einreihigen Jacke, die mit sieben Metallknöpfen bis zum Kragen geschlossen wurde. Die Ärmelabschlüsse konnten durch Druckknöpfe eingestellt werden. Bei der Hose waren zwei Fronttaschen schräg eingesetzt und mit einem Reißverschluß verschlossen. Zu dem Anzug, der ohne jegliche Abzeichen getragen wurde, gehörte auch ein Paar Handschuhe aus dem gleichen Material.

The grey flame-thrower protection suit of acid resistant material consisted of a single-breasted jacket which was closed with seven metal buttons and a pair of trousers. The sleeve cuffs could be adjusted with press buttons. The trousers had two diagonal front pockets inserted which were closed with a zipper. A pair of gloves of the same material were part of this suit which was worn without any insignia.

[45] Obwohl im Verordnungsblatt der Waffen-SS nichts von einer Einführung dieser Sonderbekleidung zu lesen ist und auch ehemalige Angehörige des SS-Fallschirmjäger-Bataillons 500/600 eine Verwendung nicht bestätigen können, kann es sich eventuell um Prototypen handeln. Fertigungstechnisch und materialmäßig machen sie einen originalen Eindruck.

[46] *Even though there is nothing to be read about the introduction of this special clothing in the Regulations of the Waffen-SS and even former members of the SS-paratrooper-battalion 500/600 cannot confirm the use of it, it could be a kind of prototype. The make and material give the impression of being original.*

Gasschutz-Bekleidung
Anti-gas protection suit

Die Gasschutz-Bekleidung war bei den meisten Einheiten in geringer Stückzahl für potentielle Sonderzwecke vorhanden. Auf Grund des glücklichen Umstandes, daß im 2. Weltkrieg kein Gas verschossen wurde, wurde sie jedoch nicht benutzt. Sie bestand aus einer grauen, gummierten – von der Außenluft vollkommen isolierten – Jacke, Latzhose und Maske. Zusätzlich gab es eine Gesichtsmaske sowie Handschuhe – beides ebenfalls aus gummiertem Köper. Die Jacke hatte sechs Druckknöpfe an der Front und einen besonders engen Ärmelbund. Gleich eng war der Beinabschluß der Hose, die über den Stiefeln zu tragen war. Die Handschuhe reichten bis fast zum Ellenbogen. Schon allein das An- und Ausziehen des teilweise sehr engen Gummi-Schutzanzuges – unter ständigem Tragen der Gasmaske – brachte die Soldaten an den Rand der Erschöpfung.

Most units had a small number of anti-gas protection suits for potential special use. However, as gas was not used during WW II, they were not used at all. This suit consisted of grey rubberised jacket, bib overall and mask which were completely impermeable by the outside air. Additionally there was a facial mask as well as gloves, both likewise made of rubberised twill. The jacket had six press buttons in the front and particularly tight cuffs. The trouser cuffs which were worn on top of the boots were equally tight. The gloves reached up until almost to the elbows. Just to put on and take off the anti-gas protection suit, wearing the gas mask at all times, brought the soldiers close to total exhaustion.

Dienstbekleidung für SS-Helferinnen und Kriegshelferinnen[47]
Service dress for female SS-aides and war-aides[48]

Ab Sommer 1942 diente weibliches Personal als sog. SS-Helferinnen (teilweise auch als SS-Maiden bezeichnet) bzw. als Kriegshelferinnen in der Waffen-SS. Während sich die SS-Helferinnen freiwillig gemeldet hatten, wurden die Kriegshelferinnen durch Notdienstverordnung eingezogen. Rund 1.000 Frauen durchliefen die Reichsschule für SS-Nachrichten-Helferinnen und übernahmen in zahlreichen Stäben Funktionen im Nachrichtenwesen. Dazu kamen noch etwa 4.000 Kriegshelferinnen, die in der Masse in den Konzentrationslagern Dienst versahen.

Die Dienstbekleidung wurde im November 1942 aus 16 Uniformmodellen ausgewählt und für die ersten 40 SS-Helferinnen maßgeschneidert. Sie bestand für SS-Helferinnen sowie Kriegshelferinnen der Waffen-SS aus einer schwarzen Kappe, auf die der Hoheitsadler genäht war, einem weißen Hemd sowie einem feldgrauen Kostüm. Die Jacke hatte ein langes Revers, eine Brust- und zwei Seitentaschen ohne Patten und wurde einreihig mit drei Knöpfen geschlossen. Am linken Oberarm befand sich der Hoheitsadler und am Unterärmel ggf. die Raute mit Blitz, die sie als SS-Nachrichten-Helferinnen auswies. SS-Helferinnen trugen zudem die doppelte Sig-

From the summer of 1942, female staff was employed as so-called SS-aides (partly also called "SS-maidens") or as war aides of the Waffen-SS. While the SS-aides were volunteers, the war aides were recruited by emergency service regulations. About 1.000 women went through the Reichsschule (Reich school) for female SS-intelligence-aides and in numerous headquarters assumed functions in the intelligence. Additionally there were about 4.000 war aides who mainly worked in the concentration camps.

The service dress was chosen out of 16 uniform models and tailored specially for the first 40 SS-aides. For both the SS-aides and the war-aides, it consisted of a black cap which had the imperial eagle sewn onto it, a white shirt and a field grey costume. The jacket had long lapels, one breastpocket and two side-pockets without flaps and was single breasted with three buttons. It had the imperial eagle on the left upper arm. If it had a rhomb with a flash on the lower arm, it signified that the wearer belonged to the SS-intelligence aides. Apart from that the SS-aides had the double Sig-rune on a round black cloth disk on the left breast and, in case they had visited the Reichsschule-SS in Oberehnheim, a cuff title on the left sleeve which said "Reichsschule-SS".

[47] V. Bl. d. Waffen-SS vom 1. März 1944, Ziffer 117

[48] *V. Bl. of the Waffen-SS from March 1st 1944, number 117*

Rune auf einer runden schwarzen Stoffscheibe auf der linken Brustseite und, soweit sie auf der Reichsschule-SS in Oberehnheim gewesen waren, am linken Unterärmel einen Ärmelstreifen mit der Aufschrift „Reichsschule-SS".

Der knielange Rock wurde von rechts nach links geschlagen und durch einen Kunststoffknopf am Bund verschlossen. Im oberen Bereich war der Rock mit weißem Stoff gefüttert. Dazu gab es einen feldgrauen, zweireihigen, knielangen Mantel. Dieser hatte wiederum ein langes Revers und wurde mit vier Kunststoffknöpfen verschlossen. Im Taillenbereich befanden sich zwei eingesetzte kleine Taschen. Es wurde i.d.R. nur das Hoheitsabzeichen am linken Oberärmel getragen.

The knee-length skirt was crossed from left to right and closed with a plastic button in the waist. The upper part of the skirt was lined with white cloth. A knee-length, field grey, double-breasted coat went with the uniform. This also had long lapels and was closed with four plastic buttons. It had two small pockets in the waist area. As a rule only the national insignia were worn on the left upper sleeve.

Fez für Angehörige der bosnischen und albanischen Verbände der SS
Fez for members of the Bosnian and Albanian SS units

Mit Wirkung vom 30. April 1943 wurde für die Angehörigen der bosnischen SS-Freiwilligen-Division – später als 13. Waffen-Gebirgs-Division der SS „Handschar" (kroatische Nr. 1) bezeichnet – das Tragen eines feldgrauen Fez zum Dienstanzug, sowie eines roten Fez als Parade- und Ausgehkopfbedeckung befohlen.[49] Die Anordnung des Tragens dieser traditionellen muslimischen Kopfbedeckung wurde im Juni 1944 auf die Angehörigen der 23. Waffen-Gebirgs-Division der SS „Kama" (kroatische Nr. 2) ausgedehnt. Die Erlaubnis des Tragens eines Fez in militärischen Formationen war keine Erfindung der Waffen-SS. Bereits die k.u.k. Monarchie hatte dies in ihren bosnischen Regimentern erlaubt. Er wurde aus Filz hergestellt und hatte innen ein dünnes Schweißband. Die schwarze Quaste bestand aus Kunstseide und war über einen kleinen Filzzylinder am Fez befestigt. Getragen wurden auf dem Fez Totenkopf und Hoheitsadler in Stoffausführung.

Angehörige der 21. Waffen-Gebirgs-Division der SS „Skanderbeg" (albanische Nr. 1) trugen vereinzelt einen feldgrauen Fez zum Dienstanzug und einen weißen Fez als Parade- und Ausgehkopfbedeckung. Diese Kopfbedeckung – ohne Abzeichen und Quaste – ähnelte dem der bosnischen Ausführung, war oben aber nicht flach sondern gewölbt. Von einer generellen Einführung kann man jedoch im Gegensatz zu den bosnischen Formationen der Waffen-SS nicht reden. Die Albaner trugen i.d.R. feldgraue Einheitsfeldmützen oder Feldmützen, getarnt.

With effect from the 30th of April 1943 the members of the Bosnian SS-volunteer-division – later called 13th Waffen-Gebirgs-Division (armed mountain division) of the SS "Handschar" (Croatian no 1) – were ordered to wear a field grey fez with the service dress and a red fez with full-dress and on leave[50]. In June 1944 this direction to wear this traditional Muslim headgear was extended to the members of the 23rd Waffen-Gebirgs-Division of the SS "Kama" (Croatian no 2). The permission to wear a fez within a military formation was not an original thought of the SS – already at the time of the Kaiser it had been permitted within the Bosnian regiments. The fez was made of felt and had a thin sweatband on the inside. The black tassel was of synthetic silk and was fixed to the fez with a small felt cylinder. The death's-head and the imperial eagle in cloth were worn on the fez.

Members of the 21st Waffen-Gebirgs-Division of the SS "Skanderbeg" (Albanian no 1) sporadically wore a field grey fez with the service dress and a white fez with full-dress and on leave. This headgear – without insignia and tassel – was similar to the Bosnian type, but it was coned on top, instead of flat. One cannot speak of a general introduction though, as opposed to the Bosnian model. Usually, the Albanians wore field grey standard field caps or camouflaged field caps.

[49] SS-FHA, Org. Tgb. Nr. 589/43 g. Kdos. vom 30. April 1943

[50] *SS-FHA, Org. Tgb. no. 589/43 g. Kdos. from April 30th 1943*

Sonderbekleidung

Angehörige des SS-Karstwehr-Bataillons. Der zweite von rechts trägt den Schutzmantel für Kradfahrer.
Soldiers of the SS-Karstwehr-Bataillon. The second to the right is wearing the protective coat for motorcyclists.

Der Soldat links hat die Enden des Mantels um die Knie geschlagen.
The soldier on the left wound the coat around his knees.

1936 erhielten erste SS-Angehörige die schwarze Sonderbekleidung mit der Schutzmütze.
The first SS-men received the black uniform with special protective cap in 1936.

Hier kann man den geraden Schnitt der schwarzen „Panzerjacke“ gut erkennen.
Here you can see the straight cut of the black jacket very well.

Sonderbekleidung für Panzertruppen.
Black special clothing for tank crews.

Wilfried Richter, Ritterkreuz am 21. April 1942, im grauen Feldanzug für Sturmgeschütz- und Panzerjäger-Einheiten.
On April 21st 1942, Wilfried Richter was awarded the Knight's Cross. Here he stands on the left side in his grey uniform for assault gun crews and anti-tank units.

Angehörige der 2. SS-Panzer-Division „Das Reich". Links ein SS-Hauptscharführer im grauen Feldanzug für Angehörige der Sturmgeschütz- und Panzerjäger-Einheiten. Man beachte bei dem SS-Untersturmführer neben ihm den Heeresadler am linken Oberarm.
Soldiers of the 2nd SS-Panzer-Division "Das Reich". On the left a SS-Hauptscharführer wears the grey uniform for assault gun crews and anti-tank units. Notice the army-pattern eagle on the left sleeve of the SS-Untersturmführer.

Ein Bewährungssoldat des SS-Fallschirmjäger-Bataillons 500 mit der Sonderbekleidung für Fallschirmjäger der Luftwaffe (Splitter-Tarnung). Man beachte die beiden schwarzen Kragenspiegel.
A soldier on probation of the SS-Fallschirmjäger-Bataillon 500 wearing the jump-smock and helmet for paratroopers of the air force (splinter pattern). Notice both plain black collar patches.

Flammenwerfer-Schutzanzug.
Flame-thrower protection suit.

Gas-Schutz-Bekleidung.
Anti-gas protection suit.

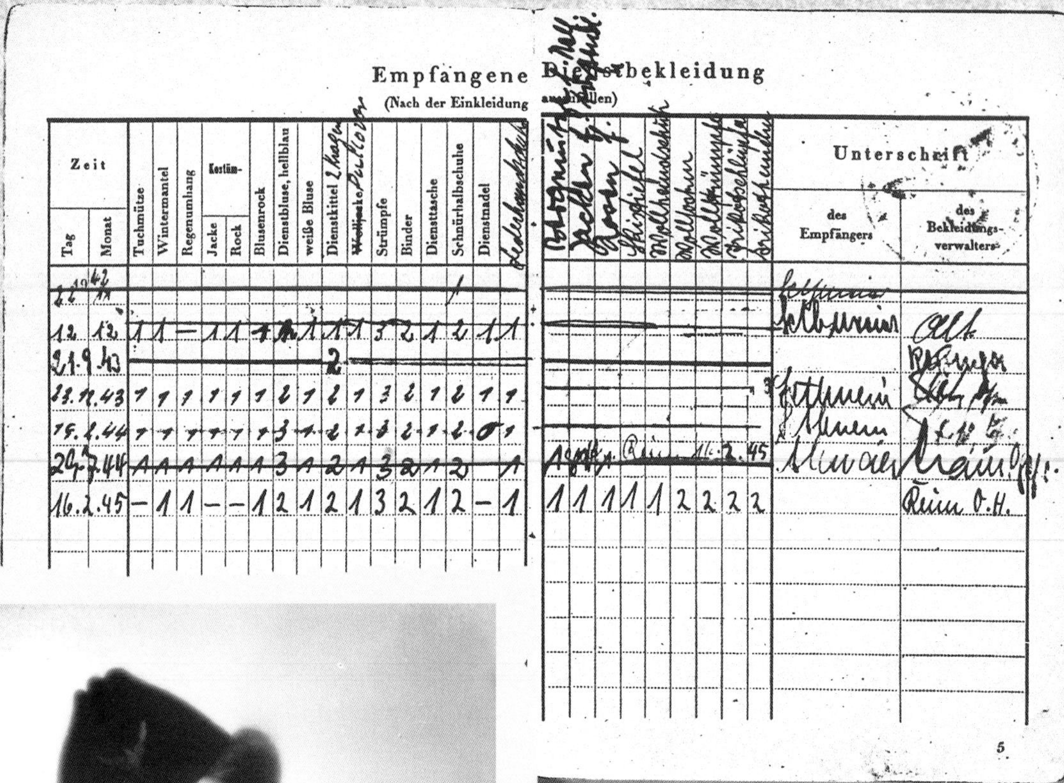

Empfangene Dienstbekleidung
(Nach der Einkleidung ausfüllen)

Zeit: Tag	Zeit: Monat	Tuchmütze	Wintermantel	Regenumhang	Kostüm-Jacke	Kostüm-Rock	Blusenrock	Dienstbluse, hellblau	weiße Bluse	Dienstkittel	Wolljacke / Pullover	Strümpfe	Binder	Diensttasche	Schnürhalbschuhe	Dienstnadel	Lederhandschuhe
12	12	1	1	–	1	1	1	1	1	1	1	3	2	1	2	1	1
23.11.43		1	1	1	1	1	1	2	1	2	1	3	2	1	2	1	1
16.2.45		–	1	1	–	–	1	2	1	2	1	3	2	1	2	–	1

[illegible]	[illegible]	[illegible]	[illegible]	[illegible]	[illegible]	[illegible]	[illegible]	[illegible]	Unterschrift des Empfängers	Unterschrift des Bekleidungsverwalters
1	1	1	1	1	2	2	2	2		Rüm O.H.

5

SS-Helferin mit Ärmelstreifen „Reichsschule-SS“
SS-aide wearing cuff title “Reichsschule-SS“

SS-Nachrichten-Helferin – Raute mit Blitzen auf dem linken Unterärmel.
SS-Nachrichten-Helferin – Rhomb worn on the left sleeve.

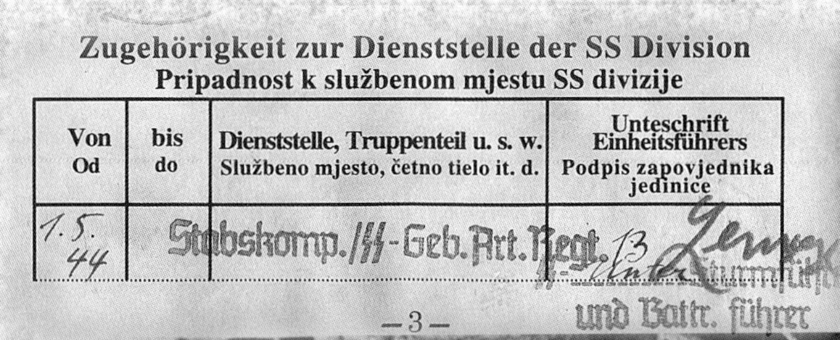

Zugehörigkeit zur Dienststelle der SS Division
Pripadnost k službenom mjestu SS divizije

Von Od	bis do	Dienststelle, Truppenteil u. s. w. Službeno mjesto, četno tielo it. d.	Unterschrift Einheitsführers Podpis zapovjednika jedinice
1.5.44		Stabskomp./SS-Geb.Art.Regt. 13	Untersturmführer und Battr. führer

–3–

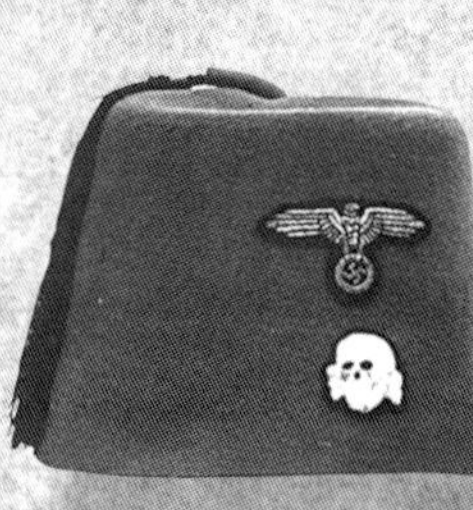

Fez
Fez

Angehörige der 13. Waffen-Gebirgs-Division der SS „Handschar" (kroatische Nr. 1) in Bosnien.
Soldiers of the 13th Waffen-Gebirgs-Division of the SS "Handschar" in Bosnia.

Hoheitszeichen der italienischen Waffen-Verbände der SS.
Italian SS sleeve eagle.

Die Männer der italienischen SS-Legion trugen weiterhin die italienischen Uniformen, jedoch mit modifizierten Abzeichen.
The men of the Italian SS-legion kept on wearing their Italian uniforms but with modified badges.

Winterbekleidung
Winter clothing

Die Winterbekleidung wurde generell im Herbst, meist im Tausch gegen leichtere Bekleidungsstücke (z.B. Tarnjacken), an die Truppen ausgegeben. Nach dem besonders kalten russischen Winter 1941/42 reagierte auch das SS-Wirtschafts- und Verwaltungshauptamt und führte zahlreiche neue Bekleidungsstücke für die Angehörigen der Waffen-SS ein.

Neben Pelzmützen aus Schaffell, an denen oft nur das Hoheitszeichen oder der Totenkopf angebracht waren, gab es einen zahlreich verwendeten Kopfschützer. Hierbei handelte es sich um einen schlauchartigen, feldgrauen Wollkörper, der etwa 40 cm Länge aufwies und zwei Öffnungen besaß. Er wurde über den Kopf gezogen, wobei eine Öffnung das Gesicht umrandete und die andere den Hals umschloß. Getragen wurde er i.d.R. unter der Feldmütze oder dem Stahlhelm.

Bis 1942/43 war der (Winter-)Übermantel ein Standardbekleidungsstück. Er wurde aus feldgrauem, wasserabweisendem Stoff gefertigt und unterschied sich mehrfach vom gewöhnlichen Tuchmantel. Wesentlich weiter geschnitten, besaß der Mantel durchgehend graues Wollfutter, reichte bis zu den Knöcheln und hatte eine Kapuze im Kragen eingearbeitet. Neben zwei eingelassenen Seitentaschen gab es zwei seitliche Eingriffe, um zu den darunterliegenden Uniformstücken greifen zu können. Charakteristisch war auch die etwa 15 cm über dem unteren Rand verlaufene sichtbare Naht (Wollfutter). Auf den Übermänteln wurden meist nur die Ärmeladler getragen.

Daneben gab es auch einen sog. Wachmantel, der, aus Schaffell gefertigt, auch als Nacktpelz bezeichnet wurde. Ungefärbt hatte er einen beigen Ton und reichte ebenfalls bis zu den Knöcheln. Da er über dem Tuchmantel getragen wurde, war er besonders weit geschnitten. In der Regel wurde er mit sechs Holzknebeln verschlossen und verfügte über zwei Seitentaschen.

Im Herbst 1942 erhielt die Waffen-SS eine Anzahl mit Wolle gefütterter Winter-Wendeanzüge der Wehrmacht. Diese waren auf der einen Seite feldgrau, auf der anderen Seite weiß. Die Jacke mit anhängender Kapuze wurde mit sechs Knöpfen verschlossen. In der Taille und am unteren Jackenrand befanden sich Zugbänder zum Zusammenziehen. Unten waren zwei Taschen mit Patten eingelassen. Die Hose hatte ebenfalls zwei eingelassene Taschen mit Patten sowie Zugbänder an den Beinabschlüssen. Die mit angenähten Hosenträgern ausgestattete Hose wurde mit vier Kunststoffknöpfen verschlossen. Aus Tarnungs-

The winter clothes were handed out to the troops in autumn – usually in exchange against lighter clothing, for example camouflage smocks. After the particularly cold winter in Russia 1941/42, the SS-Wirtschafts- and Verwaltungshauptamt reacted at last, and introduced numerous new pieces of clothing for the members of the Waffen-SS.

Apart from fur caps of sheepskin which usually only had the national insignia or the death's-head on them, there was another widely used head protection. This was a tube-like, field grey piece of wool of about 40 centimetres length with two openings. One to draw it over the head, the other opening circled the face. Usually it was worn under the field cap or the helmet.

Another standard clothing item until 1942/43 was the (winter-)overcoat. It was made of field grey waterproof material and differed in many ways from the regular overcoat. It had a much roomier cut and was completely lined with wool, was of ankle-length and had a hood. Apart from two sidepockets, it had two openings to enable the soldier to reach the uniform beneath. Another characteristic criteria was the visible seam caused by the lining that ran about 15 centimetres above the lower border. These overcoats usually only had the sleeve eagle.

Apart from this, there was the so-called sentry coat which, made of sheepskin, was also dubbed "Nacktpelz" (bareskin). Undyed, it had a light beige colour and was also of ankle-length. Because it was worn over the regular overcoat, it had a specifically roomy cut. As a rule it was closed with six wooden toggles and had two side-pockets.

In the autumn of 1942 the Waffen-SS received several wool-lined reversible winter suits of the Wehrmacht. Those were field grey on one and white on the other side. The jacket with dependable hood was closed with six buttons. The waist and the lower jacket border had drawstrings. Two pockets with flaps were inserted lower down. The trousers also had two inserted side-pockets and drawstrings at the cuffs. It had braces attached and was closed with four plastic buttons. Because of camouflage, no insignia were worn with this outfit – for distinction, the soldiers usually wore coloured ribbons on the upper arm.

gründen wurden keinerlei Abzeichen getragen; zur Unterscheidung trugen die Soldaten jedoch häufig farbige Bänder an den Oberarmen.

Aus SS-eigener Produktion stammte im Herbst 1942 ein steingrauer, mit Schaffell gefütterter, wasserabweisender Parka. Dieser hatte zwei Brusttaschen, zwei eingelassene Seitentaschen und wurde als Schlupfparka hergestellt. Der Brustschlitz, der etwa bis zur Taille reichte, konnte mit vier Metallknöpfen geschlossen werden und verfügte über eine zusätzliche überlappende Leiste. An der Taille selbst war ein nicht verstellbarer Gummizug eingearbeitet, um eine bessere Wärmedämmung des Oberkörpers zu erreichen. Die angenähte Kapuze konnte durch eine Kordel zusammengezogen werden.

An SS-own production was a stone grey sheepskin-lined waterproof parka in the autumn of 1942. This had two breast-pockets, two inserted side-pockets and was manufactured as slip-on parka. The breast opening that reached about to the waist, could be closed with four metal buttons and had an additional overlap. The waist had an elastic band inserted which could not be adjusted and was meant to provide a better isolation for the upper torso. The attached hood had drawstrings to pull it tight with.

Im Januar 1943 folgte die Einführung einer mit Wolle gefütterten, von Feldgrau auf Weiß wendbaren Winterkombination für Panzerbesatzungen.[51] Diese hatte den gleichen Schnitt wie die Kombination, getarnt, für Panzerbesatzungen (vgl. Kapitel: Tarnbekleidung[52]), entsprach aber der Qualität des Winter-Wendetarnanzuges. Sie wurde mit sechs Plastikknöpfen bis zum Schritt geschlossen und hatte zwei aufgesetzte Brust- und zwei eingelassene Seitentaschen. An den Ärmelbünden befanden sich Knöpfe. Die Beinabschlüsse konnten durch Bänder verengt werden.

January 1943 brought a wool-lined winter combination for tank crews which was also reversible from grey to white[53]. It had the same cut as the camouflage combination for tank crews (cf. chapter camouflage clothing[54]) but had the quality of the reversible winter suit. It was closed with six plastic buttons down the front and had two appliquéd breast-pockets and two inserted side-pockets. The sleeve cuffs had buttons, the trouser cuffs could be adjusted with drawstrings.

Im Herbst 1943 gelangte schließlich ein modifizierter, fast knielanger Parka zur Auslieferung an die Truppe. Dieser war nun nicht mehr zum Schlüpfen, sondern wurde mit acht Knöpfen durchgehend verschlossen. Ansonsten war er mit der schaffellgefütterten Ausführung 1942 identisch. Dieses Bekleidungsstück gab es auch aus italienischem Beute-Tarnstoff.

In the autumn of 1943, a modified knee-length parka was delivered to the troops. This one was not a slip-on type but had eight buttons. Otherwise it was identical with the sheepskin-lined version of 1942. This garment was also available in the so-called Italian camouflage pattern.

Kniehohe Filzstiefel wurden bei besonderer Kälte anstelle der Marschstiefel oder Schnürschuhe getragen und bestanden aus rund 1 cm dickem graubraunen Filz. Das Fußteil des Schuhs – teilweise bis über die Knöchel reichend – war wie die Naht des Stiefels mit Leder besetzt. Es gab auch besonders große Ausführungen, bei denen der Soldat mitsamt seiner eigenen Schuhen in die Filzschuhe schlüpfen konnte.

In extreme cold, knee-high felt boots were worn instead of the marching- or ankle boots. They were made of grey-brown felt which had a thickness of about one centimetre. The part that enclosed the feet was, like the seams, faced with leather. They were also available in particularly large design, so the soldier could put them on over his regular shoes.

Das SS-WVHA ließ ab Winter 1941/42 in eigenen Betrieben Überschuhe aus Strohgeflecht herstellen. Diese preiswerte Alternative wurde über den normalen Stiefeln oder Schnürschuhen getragen und reichte etwas über die Knöchel. Klobig und antiquiert aussehend, hielten sie jedoch die Füße der Soldaten warm.

The SS-WVHA had overshoes of straw made in their own manufactories. This cheap alternative was worn on top of the regular boots and was slightly over ankle-height. Even though they looked clumsy and old-fashioned, they kept the feet of the soldiers warm.

[51] V. Bl. d. Waffen-SS vom 15. Januar 1943, Ziffer 26

[52] Hier sind u.a. auch die Winter-Wendetarnanzüge beschrieben.

[53] *V. Bl. of the Waffen-SS from January 15th 1943, number 26*

[54] *Here, among other things, the reversible winter-suits are described.*

Gesichtsmaske aus Filz.
Face mask of felt.

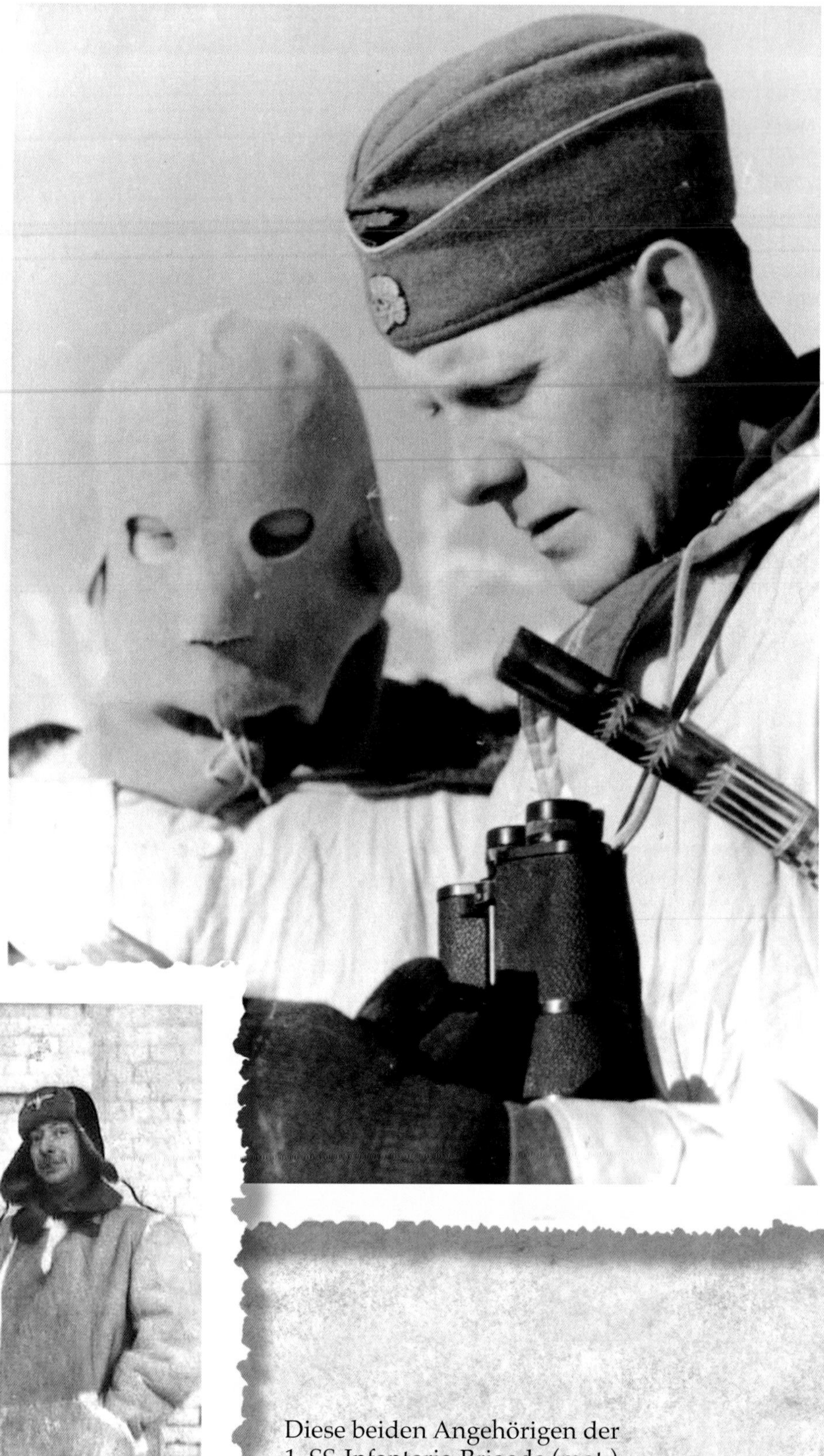

Diese beiden Angehörigen der 1. SS-Infanterie-Brigade (mot.) tragen Pelzmützen und Wachmäntel aus Schafsfell, der linke Soldat dazu noch Stroh-Überschuhe.
These two members of the 1st SS-Infanterie-Brigade (mot.) are wearing fur caps and sentry coats made of sheepskin, the soldier on the left additionally the galoshes made of straw.

Dieser Soldat trägt die feldgraue Seite des Winter-Wendeanzuges des Heeres.
This soldier is wearing the field grey side of the reversible winter suit.

Im Schnee wurde die weiße Seite des Winter-Wendeanzuges nach Außen getragen. Man beachte die weiße Feldmütze sowie die zusätzliche Kopfhaube (rechtes Foto).
The white side is worn in snowy conditions. Notice the white field cap and the extra hood (photo on the right).

Angehörige der SS-Kavallerie-Brigade demonstrieren ihre Winterbekleidung: u.a. Pelzmützen, Parkas 1942 und weiße Tarnüberzüge.
Members of the SS-Cavalry-Brigade show their winter clothing: fur caps, 1942 type parkas and white camouflage covers.

Gut sichtbar hier die Fellfütterung und Länge der Parkas 1942 bis zu den Knien.
Well visible the fur lining and the knee-length of the parka 1942.

Aus Beständen der Luftwaffe kamen diese kurzen Pelzjacken. Gut erkennt man außerdem den Lederbesatz an den Reithosen.
These short fur jackets of sheepskin came out of an air force depot. Apart from that you can see leather facings on the riding-breeches.

Filzstiefel
felt boots

Dieser Stahlhelm wurde für den Winter weiß angestrichen.
This steel helmet has been coated with white paint.

Tropenbekleidung
Tropical clothing

Als erster Verband der Waffen-SS wurde die SS-Sturmbrigade „Reichsführer-SS" im Sommer 1943 im Hinblick auf ihren Einsatz in Korsika, einheitlich mit sandfarbener Tropenbekleidung ausgestattet. Es folgten die in Griechenland stehende 4. SS-Polizei-Panzer-Grenadier-Division sowie das im adriatischen Küstenland eingesetzte SS-Karstwehr-Bataillon. Im Sommer 1944 erhielt die in Ungarn neu aufzustellende 22. SS-Freiwilligen-Kavallerie-Division ebenfalls Tropenbekleidung. Dies jedoch weniger auf Grund eines mediterranen Klimas als aus Mangel an feldgrauen Uniformen. Bemerkenswert ist die Tatsache, daß die Waffen-SS generell nicht mit sog. braun-oliven Tropenuniformen ausgestattet wurde, wie sie auch die Wehrmacht verwendete.

Bei den Feldblusen gab es zwei Ausführungen, die i.d.R. aus sandfarbenem Baumwolldrillich mit lackierten (Kunststoff-)Knöpfen hergestellt wurden. Die eine glich dem Schnitt der feldgrauen Bluse, war jedoch ungefüttert und hatte nur vier Knöpfe an der Vorderfront und am Kragen längliche Revers. Eine weitere Unterscheidung waren die je vier umnähten Belüftungslöcher unter den Achseln. Das andere Modell war der italienischen Tropenbekleidung „Sahariana" nachempfunden und wurde zunächst in der Wehrmacht 1942 eingeführt. Ebenfalls mit vier Knöpfen geschlossen, hatte sie zwei Seiten- und zwei Brusttaschen, deren geschwungenen Klappen mit dem Oberteil der Jacke eine Einheit bildeten. Über die gesamte Breite des Rückens lief ebenfalls eine zweimal geschwungene Patte. Die „Sahariana"-Tropenbluse wurde ebenfalls nur mit offenen Revers getragen und hatte ungewöhnlich lange Schlaufen zum Einziehen der Schulterklappen. Im Innenteil waren links und rechts zwei Taschen für Verbandpäckchen eingearbeitet. Zunächst hatten die Jacken auf den vier Taschen noch Mittelstreifen; diese entfielen 1943.

Bei den sandfarbenen Hemden gab es ebenfalls zwei Ausführungen; eine dem deutschen schilfgrünen Hemd entsprechende, die es auch kurzärmelig gab, und die 1942 von der Wehrmacht eingeführte – im Schnitt der „Sahariana"-Feldbluse – gefertigte. Hier wurde der rund 30 cm lange Brustschlitz durch vier Kunststoffknöpfe verschlossen.

Die sandfarbene Hose entsprach bis auf den leichten Baumwollstoff prinzipiell der feldgrauen Keilhose. Daneben gab es noch eine kurze Ausführung, die nur bis zum Knie reichte. Beide unterschieden sich jedoch vor allem durch die rund fünf eingearbeiteten Metallhaken (nach unten eingenähte Koppeltragehaken), die das Verrutschen des Lederkoppels verhindern sollten.

In the summer of 1943, the SS-Sturm-Brigade (storm brigade) "Reichsführer-SS" was the first unit of the Waffen-SS to be equipped uniformly with sand-coloured tropical clothing, in view of their action in Corsica. The next ones were the 4th SS-Polizei-Panzer-Grenadier-Division (police infantry tank division) which stood in Greece, and the SS-Karstwehr-battalion which was positioned on the Adriatic coast. In the summer of 1944 the volunteer cavalry division newly to be appointed in Hungary, also received the tropical clothing. This, however, was not due to the Mediterranean climate as much as to the lack of field grey uniforms at the time. A notable fact is that the Waffen-SS generally was not equipped with the so-called brown-olive tropical uniforms used by the Wehrmacht.

The battle dress was available in two variations which were, as a rule, made of sand-coloured cotton denim and had varnished (plastic) buttons. One of these variations was similar in cut to the field grey battle dress but had only four buttons and slightly elongated lapels. A further difference were the four seamed ventilation holes in each armpit. The other type imitated the Italian tropical clothing "Sahariana" and was initially introduced in the Wehrmacht in 1942. It was also closed with four buttons and had two side- and two breast-pockets with curved flaps which – together with a doubly curved flap across the back – gave the upper part of the dress a unified look. The "Sahariana" battle dress was also only worn with open lapels and had unusually long loops for the shoulder tabs. Two pockets, one on each side, were inserted for Band-Aid kits. Initially, the four pockets had a strip down the middle which was abolished later.

The sand-coloured shirts also were available in two models: One corresponding to the German green one, this could also be had with short sleeves, and one introduced by the Wehrmacht in 1942 which had the same cut as the "Sahariana" battle dress, and had four plastic buttons to close the breast opening.

The sand-coloured trousers corresponded in cut with the field grey slacks but were made of lighter cotton material. Apart from this there was a second, shorter model available which was of knee-length. Both these types differed from the slacks mainly in that they had about five metal hooks inserted, to prevent the leather belt from slipping out of position.

Neben dem vereinzelt getragenen sandfarben gestrichenen Stahlhelm wurden Tropenhelme verwendet. Die Waffen-SS trug Modelle aus gepreßtem Kork, die mit sandfarbenem Stoff überzogen waren. Der heruntergezogene umlaufende Schirm war vorne 7 cm, seitlich 5 cm und hinten 8 cm breit und war mit grauem Leder eingefaßt. Der Innenhelm bestand aus einem Hartfilzring und war i.d.R. mit rotem Stoff ausgekleidet. Der Kinnriemen wurde aus grauem Leder gefertigt. Oft wurden die bekannten Helmwappen in Form von zwei Metallabzeichen mittels Splinten an den Seiten befestigt. Außerdem wurden – besonders ab September 1943 – zahlreiche erbeutete italienische Tropenhelme getragen.

Die Tropen-Feldmützen (mit und ohne Schirm) entsprachen im Schnitt dem der feldgrauen Feldmütze n.A., bzw. der Einheitsfeldmütze 1943. Sie unterschieden sich vor allem in der Verwendung leichten Baumwollstoffes und dem dünnen, meist roten – manchmal grünen – Futterstoff. Der Hoheitsadler sowie der Totenkopf waren mit goldgelber Kunstseide auf schwarzem Grund gewebt.

Apart from steel helmets painted with the sand-colour, only worn sporadically though, tropical helmets were used. The Waffen-SS wore models of pressed cork which were covered with sandcoloured material. The brim was slightly pulled down and had a breadth of 7 cm in the front, 8 cm in the back and 5 cm on the sides. It was faced with grey leather. The inner helmet consisted of a felt ring and was usually lined with red material. The chin strap was of grey leather. The well-known helmet insignia usually were in the form of metal batches and fixed to the sides with wooden splints. Apart from that, a lot of looted Italian helmets were used, especially from the September of 1943.

The tropical field caps, available with or without peak, were of the same cut as the field grey field cap n.A., respectively the uniform field cap. They differed in the material, which was lighter and the red, or sometimes green lining. The nationality eagle and the death's-head were fashioned in goldyellow synthetic silk stitched on black ground.

Tropenfeldbluse 1943
Tropical battle dress 1943

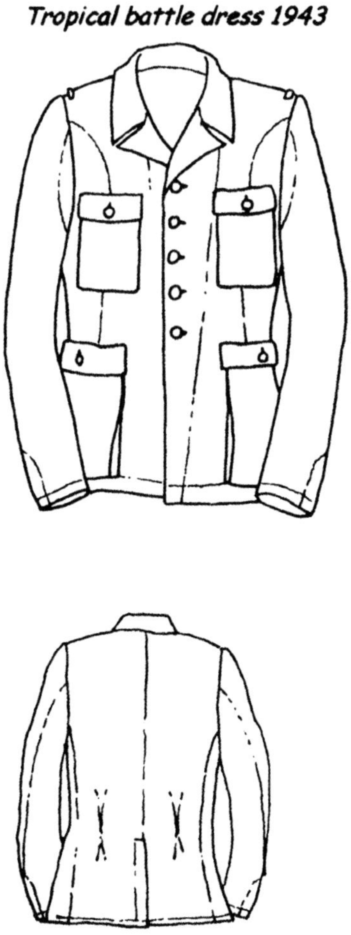

Feldbluse „Sahariana"
Battle dress „Sahariana"

Tropenhosen (Keilform)
Tapered tropical trousers

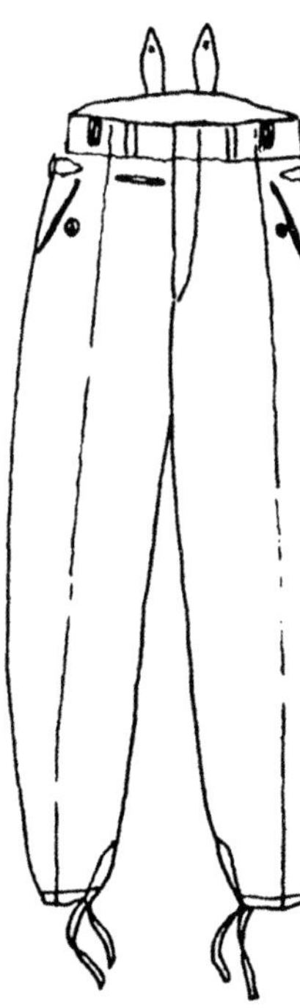

Kurze Tropenhose
Tropical shorts

Tropenbekleidung

Tropenhelm
tropical helmet

Dieser Soldat der 22. SS-Freiwilligen-Kavallerie-Division „Maria Theresia" trägt die Tropen-Feldbluse „Sahariana". Man beachte die Kornblume auf dem rechten Kragenspiegel.
This soldier of the 22nd SS-Freiwilligen-Kavallerie-Division "Maria Theresia" is wearing "Sahariana" pattern tropical tunic. Notice the corn-flower on the right collar patch.

Angehörige der 4. SS-Polizei-Panzer-Grenadier-Division in kurzärmeligen Hemden in Griechenland.
Soldiers of the 4th SS-Polizei-Panzer-Grenadier-Division with shortsleeved shirts in Greece.

Ein SS-Unterscharführer der 16. SS-Panzer-Grenadier-Division „Reichsführer-SS" mit Tropenhemd und Tropenhose.
A SS-Unterscharführer of the 16th SS-Panzer-Grenadier-Division "Reichsführer-SS" is wearing a tropical shirt and tropical trousers.

Tarnbekleidung
Camouflage clothing

Im Gegensatz zur Wehrmacht, die erst im Laufe des 2. Weltkrieges Tarnbekleidung an die Soldaten ausgab, führte die SS-VT bereits 1935/36 erste Versuche mit einem Stahlhelm-Tarnbezug, sowie einer Tarnjacke durch. Das SS-Hauptamt arbeitete in Truppenversuchen am Schnitt verschiedener Tarnbekleidungen und Künstler entwarfen Farb- und Konturenmuster. Nach zahlreichen Studien über die Lichtverhältnisse in der Natur stellten diese schließlich eine erste Tarnung vor, die im Gegensatz zur sog. Splittertarnung der Wehrmacht stand (hier zunächst nur bei den Zeltbahnen Modell 1931 benutzt). Der Kunstprofessor Schick präsentierte eine zweiseitig tragbare Tarnbekleidung mit einer „Grün-Tarnung" für das Frühjahr und einer „Braun-Tarnung" für den Herbst. Der Stoff wurde mit „Persistol" bzw. „Hydrophobol" imprägniert und dann zunächst im manuellen Siebdruck-Verfahren mit Anthrasol- bzw. Indanthrenfarben bedruckt. Erst später konnte die maschinelle Fertigung mittels Druckwalzen realisiert werden.

Im November 1938 teilte Professor Schick Himmler mit, daß die Arbeiten an der Tarnausrüstung einschließlich verschiedener Truppenversuche abgeschlossen und die einzelnen Teile beim Reichspatentamt unter dem Namen „Nationalsozialistische Deutsche Arbeiterpartei, Reichsführer-SS" angemeldet worden waren.

Das erste eingeführte, vierfarbige Tarnmuster erinnert in seinen Konturen an die Baumrinde von Platanen. In den Sammlerkreisen etablierte sich daher die von den Alliierten benutzte Bezeichnung Platanenmuster. Dieses wurde bis etwa 1942 hergestellt. Bereits 1941 wurde ein weiteres vierfarbiges Tarnmuster eingeführt. Hierbei stellte die Tarnung in etwa verfärbte Blätter dar, so daß später die Bezeichnung Eichenlaubmuster verwendet wurde. Eine Variante davon wurde als „verschwommenes Konturenmuster" bezeichnet. Es konstituierte sich der Name Rauchtarnmuster.

Etwa 1942 kam eine weitere Tarnung zur Auslieferung. Hierbei handelte es sich um eine Mischung aus erstem und zweitem Muster sowie dem Hinzufügen lanzettenförmiger Blätter (ähnlich einer Fächerpalme) und stilisierter Gräser: das sog. Palmenmuster. Die verschiedenen Druckmuster wurden im Laufe des Krieges auch für gleiche Bekleidungs- und Ausrüstungsgegenstände verwendet. So gab es z.B. die Tarnjacken in Platanen-, Eichenlaub-, Rauch- oder Palmenmuster. Zeltbahnen wurden jedoch nie im Palmenmuster hergestellt.

As opposed to the Wehrmacht which handed out camouflage clothing to the soldiers during the second world war, the SS-VT made their first experiments with a camouflage cover for steel helmets and a camouflage smock already in 1935/36. The SS-Hauptamt worked on cuts for different kinds of camouflage clothing, tested those on the troops and had artists designing different camouflage patterns. After a period of testing light conditions in nature, they introduced a first camouflage pattern as opposed to the so-called splinter pattern of the Wehrmacht (here initially only used with the canvas pieces 1931). The art professor Schick presented a reversible camouflage clothing with a "green camouflage" for spring and a "brown camouflage" for autumn. The material was waterproofed with "Persistol", respectively "Hydrophobol" and initially printed in manual silk-screen process with anthrasol-, resp. indanthren-colours. Only at a later date the printing process could be realised in a mechanical way with print-cylinders.

In the November of 1938, Professor Schick informed Himmler that the work on the different articles of camouflage equipment was finished, including testing them on the troops, and had been patented under the name of "Nationalsozialistische Deutsche Arbeiterpartei, Reichsführer-SS" at the patent office of the Reich.

The firstly introduced four-coloured camouflage pattern reminds one of the shape and form of plane-tree bark, so the name the allied forces had for it, plane-tree pattern, established itself within the collector circles. This was manufactured until about 1942. Already in 1941 another four-coloured camouflage pattern was introduced. Here the camouflage resembled blurred leaves and so got the name oak leaf-pattern. A variant of this later was known as "blurred outline-pattern". The name "smoke camouflage" (Rauchtarnmuster) established itself.

About 1942 a further camouflage pattern came to delivery. This was a blend of pattern one and two with lancet shaped leaves (resembling a fan-palm) and stylised grass – the palm-tree pattern. The different print patterns were also used for clothing and equipment in the course of the war. So for example the camouflage smocks were available with planetree, oak leaf, smoke or palm-tree pattern. The only exceptions were the canvasses. Those were not manufactured with palm-tree pattern.

Ebenfalls fanden die bei der Entwaffnung der italienischen Armee im Sommer 1943 erbeuteten Tarnstoffe bei der Fertigung verschiedener Uniformteile Verwendung. Die mit italienischem Tarnstoff gefertigten Hosen, Jacken, Mützen oder Parkas wurden vor allem an Angehörige des I. SS-Panzer-Korps ausgegeben.

Im März 1944 wurde mit einer zweiteiligen Tarnuniform gleichzeitig ein neues, fünffarbiges Tarnmuster eingeführt. Der Kriegslage entsprechend suchte das SS-WVHA, Amtsgruppe B, nach weiteren Vereinfachungen. Das neueingeführte Muster sollte nun für alle Jahreszeiten Verwendung finden, so daß ein beidseitiges Bedrucken entfallen konnte. Diese Tarnung erhielt von den Alliierten die Bezeichnung Erbsentarnmuster.

Im Zuge der angestrebten Uniformen-Standardisierung aller deutschen Truppen (Heer, Marine, Luftwaffe, Waffen-SS, Polizei, etc.) entwickelte Professor Schick Ende 1944/Anfang 1945 zusammen mit mehreren Führern des Bekleidungsamtes der Waffen-SS in München eine neue Tarnung, das sog. Leibermuster. Hier war der Grundton ein sandfarbenes Gelb, das mit gelbgrünen und orangeockerfarbenen Flecken bedruckt war. Ungewöhnlich sahen die darüber liegenden mit Hydron Oliv GX bzw. Anilin Schwarz gedruckten, nicht reflektierenden schwarzen Flächen aus. Diese sollten im Besonderen vor feindlicher Sicht durch Infrarotgeräte schützen.

Interessant ist, daß die Luftwaffen-Panzer-Division „Hermann Göring" bei der Aufstellung im Frühjahr 1943 5.000 Sätze der SS-Tarnbekleidung im Eichenlaubmuster übernahm und hiermit ihre Panzer-Grenadier-, Pionier- und Aufklärungseinheiten ausstattete. Dies wohl, da man von der Wehrmachttarnung nicht überzeugt war und sich außerdem durch die bekannte SS-Tarnung als Elite nach außen präsentieren wollte, wie dies übrigens auch durch die besonderen, weißen Kragenspiegel demonstriert wurde.

When the Italian army was disarmed in the summer of 1943, camouflage material which was part of the loot was put to use in the manufacturing of different uniform parts. The trousers, jackets, caps or parkas of Italian camouflage material were mainly handed out to members of the 1st SS-tank-corps.

In march 1944 a new, five-coloured camouflage pattern was introduced at the same time as a new two piece camouflage uniform. Corresponding with the war situation the SS-WVHA, Amtsgruppe B, looked for further simplifications, so the newly introduced pattern should be used in all seasons and the two-sided print was no longer necessary. This camouflage pattern received the name "polka-dot pattern" of the allied forces.

In the course of the planned standardization of the uniforms for all German troops (army, navy, air force, Waffen-SS, police, and so on), Professor Schick developed a new pattern together with several officers of the clothing office of the Waffen-SS in Munich: the so-called Leiber pattern. The basis colour here was a sandy yellow which had yellowgreen and orange-ochre dots printed on to it. Black, non-reflecting patches, printed with Hydron Oliv GX or aniline black, gave this an unusual appearance. These patches were supposed to prevent the detection by infrared devices.

It is an interesting point that the air force tank division "Hermann Göring" took over 5.000 pieces of the SS-camouflage clothing in oak leaf pattern at its muster, and used this to equip their armed infantry-, pioneer- and reconnaissance-units. This probably happened because nobody was convinced by the Wehrmacht camouflage, and also to present oneself as exclusive, wearing the SS-pattern. A fact which was further demonstrated by the special, white collar patches.

Stahlhelm-Tarnbezug
Camouflage cover for steel helmets

Erste Stahlhelmtarnbezüge (1. Modell) wurden mit Wirkung vom 3. Februar 1937 für den Stahlhelm 1935 ausgegeben. Der Tarnbezug war wendbar für Frühjahrs- oder Herbsttarnung und besaß je einen Leichtmetallkipphaken links, rechts und hinten zur Befestigung am Stahlhelmrand. Die Haken hatten kleine Federn, um den Bezug auf Spannung zu halten. Vorne wurde der Helmrand in eine Lasche des Helmbezuges gesteckt. Das ab 1942 gefertigte 2. Modell war in der Fertigung ähnlich, unterschied sich aber zum ersten Modell darin, daß wie bei den Tarnjacken zusätzlich mehrere Schlaufen angenäht waren, um noch z.B. Gras, Zweige oder Laub befestigen zu können. In Karelien (Finnland) setzte sich im Sommer die Eigenart durch, den Helmbezug ohne Stahlhelm in Form einer Baskenmütze zu tragen.

The first steel helmet covers (1st model) were handed out with effect from February 3rd, 1937, for the steel helmets model 1935. The camouflage cover was reversible for spring- and autumnpattern and had a light metal hinged hook each on the left, the right and in the back to fix it to the helmet. The hooks had small springs to keep the cover taut. In the front the helmet rim was pushed into the cover. The 2nd model which was manufactured from 1942 was similar in make, but differed from the first in that, like the camouflage smocks it had several loops sewn on to fix for example grass, twigs or foliage to the cover. In Karelia (Finland) the peculiarity arose that during the summer months the helmet cover was worn without the helmet beneath, as a sort of beret.

Tarnjacken
Camouflage smocks

Die ersten Tarnjacken – eigentlich als Schlupfjacken konzipiert – wurden zusammen mit den Zeltplanen und Stahlhelmbezügen Ende 1936/Anfang 1937 zu Truppenversuchen an die SS-VT ausgegeben. Sie sollten die Uniform vor Verschleiß und Witterung (Regen) schützen und waren so weit geschnitten, daß sie über die gesamte Uniform und Ausrüstung getragen werden konnten. Zwei seitliche Eingriffe erlaubten das Erreichen der darunterliegenden Uniform und Ausrüstung. Am Rundkragen, der Taille und den Ärmelenden befanden sich Gummizüge. Um ein Hineinschlüpfen zu erleichtern, besaß die beidseitig (Frühjahr und Herbst) bedruckte Jacke an der Vorderseite einen rund 30 cm langen Schlitz, der mit einer Schnur zusammengezogen werden konnte. Über dem Schlitz befand sich eine Stoffklappe, die den Wind abhalten sollte. Tatsächlich war das Tragen der gesamten Ausrüstung unter der Jacke derart unpraktisch, daß die Soldaten diese i.d.R. immer über der Tarnjacke trugen.

1940 wurde ein zweites Modell eingeführt, das etwas vereinfacht war. So fehlten nunmehr der Gummizug am Kragen sowie die Klappe über dem Brustschlitz. Zwei Jahre später wurde ein drittes Modell hergestellt, bei dem die seitlichen Eingriffe wegfielen, dafür aber zwei wendbare, horizontale Seitentaschen eingearbeitet waren. In Schulterhöhe wurden vorne, seitlich und hinten mehrere Schlaufen aufgenäht, in denen zusätzliches Tarnmaterial

The first camouflage smocks – originally conceived as slip-on jackets – were handed out to the SS-VT for troop testing, together with the canvasses and the steel helmet covers. The smocks were supposed to protect the uniform from the signs of wear and the weather, and were cut so roomy that they could be worn on top of the uniform as well as all the equipment. Two openings in the sides allowed access to the uniform beneath. The round collar, the waist and the sleeve cuffs had elastic band inserted. To make it easier to slip on, the jacket which had spring pattern on one and the autumn pattern on the other side had an opening of about 30 centimetres down the front which could be drawn together with a string. A flap covered the opening to protect from the wind. Since it was much too impractical to wear the whole equipment beneath the smock, the soldiers usually put it on on top of it.

A second, slightly more simplified model was introduced in 1940. This one did not have the elastic in the waist nor the flap over the opening. Two years later a third model was manufactured which did not have the side openings, but had two side pockets instead. It had several loops fixed in shoulder height, to attach further camouflage material, like twigs or grass. Sometimes the soldiers would unravel the middle seam, as far as there was one and put a stick grenade in each front loop.

wie Zweige oder Gras befestigt werden konnte. Verschiedentlich trennten die Soldaten – soweit vorhanden – die Mittelnaht auf und steckten je eine Stielhandgranate in die vorderen Schlaufen.

Mit Einführung des Drillichanzuges, getarnt, im Frühjahr 1944 wurde die Produktion eingestellt. Vorhandene Bestände waren aufzubrauchen. Es wurden weder Ärmeladler noch Kragenspiegel oder Schulterklappen getragen.

With the introduction of the camouflaged fatigue dress in the spring of 1944 the production was suspended. Existing supplies were to be used. Neither sleeve eagle, nor collar patches or shoulder straps were worn.

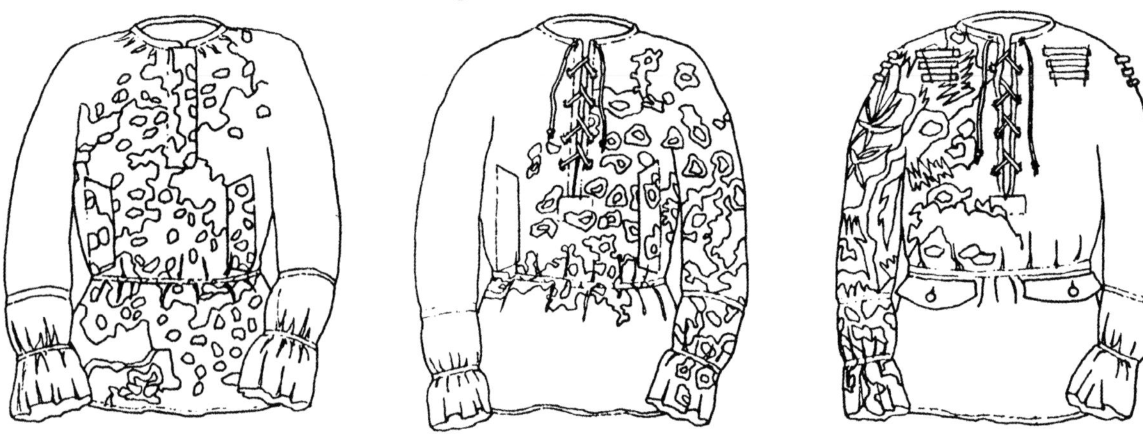

Tarnjacke 2. Modell (Eichenlaubtarnmuster)
Camouflage smock 2nd model (oakleaf pattern)

Tarnjacke 1. Modell (Platanentarnmuster)
Camouflage smock 1st model (plane-tree pattern)

Tarnjacke 3. Modell (Palmenmuster)
Camouflage smock 3rd model (palm-tree pattern)

Feldmütze, getarnt
Field cap, camouflaged

Ende Mai 1942 begann die Auslieferung einer getarnten Feldmütze mit Stoffschirm – ähnlich der Bergmütze – an die Feldtruppenteile der Waffen-SS.[55] Sie wurde aus wasserdichtem Segeltuch hergestellt, war wendbar für Frühjahres- oder Herbsttarnung und wurde anfänglich ohne Abzeichen getragen. Das Schweißband war auf der Herbstseite (also meist als Innenseite verwendet) angenäht. Im Dezember des Jahres ordnete Himmler an, daß nunmehr der Totenkopf sowie das Hoheitszeichen auf der Feldmütze getragen werden sollten.[56] Hierzu wurden neue Abzeichen mit grünem Kunstfaden für die Sommerseite und mit braunem Kunstfaden für die Herbstseite gewebt und aufgenäht. Vorhandene Mützen ohne Abzeichen waren aufzutragen. Verschiedentlich interpretierten die Einheiten die Anordnungen falsch und ordneten das nachträgliche Befestigen von Stoff- oder Metallabzeichen auf den ersten Modellen der Feldmützen an.

Towards the end of May 1942 a camouflage field cap with cloth peak – similar to the mountain cap – was delivered to the army troops of the Waffen-SS[57]. It was made of waterproof canvas, was reversible for spring- and autumn pattern and initially was worn without insignia. The sweatband was sewn to the autumn side which was mostly worn on the inside. In December of that year Himmler decreed that from then on the death's-head and the national insignia were to be worn on the front of the cap[58]. For this new insignia were woven, green for the spring side and brown for the autumn side and sewn to the cap. Existing caps without insignia were to be worn out as well. In a few cases the order was wrongly interpreted and the units ordered insignia to be sewn on to the first models of the camouflage caps.

[55] V. Bl. d. Waffen-SS vom 1. Juni 1942, Ziffer 170
[56] V. Bl. d. Waffen-SS vom 1. Dezember 1942, Ziffer 432
[57] *V. Bl. of the Waffen-SS from June 1st 1942, number 170*
[58] *V. Bl. of the Waffen-SS from December 1st 1942, number 432*

Tarn-Gesichtsmaske
Camouflage face mask

Im April 1942 führte die Waffen-SS Gesichtsmasken zur Vervollständigung der Tarnung ein.[59] Diese waren bereits in der Vorkriegszeit vorgestellt, für einen allgemeinen Gebrauch jedoch seinerzeit als unpraktisch eingestuft worden. Die Gesichtsmasken ähnelten einem Schleier und bestanden aus einer Reihe von tarnfarbenen Schnüren, die oben und mittig zusammengewebt waren. Verwendung fanden die Masken vor allem bei Beobachtungsposten oder Scharfschützen – also ruhendem Einsatz. Im mobilen Kampf zogen die Soldaten die Gesichtsmaske entweder herunter auf die Feldbluse oder warfen sie am Stahlhelm nach hinten.

In April 1942, the Waffen-SS introduced facial masks to complete the camouflage[60]. Those had existed in pre-war times already, although they had been considered too impractical for use then. The facial masks resembled a veil and consisted of a number of camouflage-coloured strings which were woven together on top and in the middle. The masks were usually used by reconnaissance posts or snipers, i.e. non-moving employment. In mobile battle the soldiers either drew the masks down around their necks or threw them back over their steel helmets.

Tarnkombination für Panzerbesatzungen[61]
Camouflage combination for tank crews[62]

Im Januar 1943 teilte das Verordnungsblatt der Waffen-SS mit, daß ab dem Frühjahr 1943 eine leichte Kombination in Tarnfarben eingeführt werden sollte. Diese war von Besatzungen und Wechselbesatzungen der Panzerkampf-, Späh- und Funkwagen mit geschlossenem Aufbau zu tragen. Aus Segeltuch gefertigt, konnte die Kombination wechselseitig in Frühjahrs- oder Herbsttarnung angezogen werden. Sie wurde bis zum Schritt mit sechs grauen Plastikknöpfen geschlossen, hatte zwei aufgesetzte Brusttaschen und zwei schräg eingesetzte Seitentaschen. Später war auch eine Tasche am linken Oberschenkel aufgesetzt. Die Kombination war so weit geschnitten, daß sie ggf. über der schwarzen Sonderbekleidung für Panzerbesatzungen getragen werden konnte. Es wurden i.d.R. nur (Oberarm-)Dienstgradabzeichen und manchmal Hoheitsadler getragen.

In January 1943 the Verordnungsblatt of the Waffen-SS informed that from the spring of 1943 a light combination in camouflage colours would be introduced. This was supposed to be worn by the crews and exchange crews of the armed patrol cars, reconnaissance and radio patrol cars with closed body. Made of canvas, the combination was also reversible. It was closed with six plastic buttons down the front, had two appliquéd breast-pockets and two diagonally inserted side-pockets – later also an appliquéd pocket on the left leg. The combination had a roomy cut, so it could be worn over the black special clothing for tank crews. As a rule only upper arm insignia of rank were worn and sometimes the imperial eagle.

Drillichanzug, getarnt, für Panzerbesatzungen
Fatigue dress, camouflaged, for tank crews

Da sich das Tragen der Tarnkombination aus praktischen Gründen nicht durchgesetzt hatte, führte die Waffen-SS 1944 einen Drillichanzug (Fischgrätwebung), getarnt, für Panzerbesatzungen ein. Er entsprach in etwa dem Schnitt der schwarzen Jacke und Hose, zeigte aber das Eichenlaub-, Rauch- oder Erbsentarnmuster. Die Jacken trugen generell keine Kragenspiegel, sondern nur Ärmeladler und Schulterklappen bzw. Oberarm-Dienstgradabzeichen.

Since the camouflage combination did not succeed for practical reasons, the Waffen-SS introduced a camouflaged fatigue dress (fishbone-weave) for tank crews in 1944. It resembled the black jacket and trousers in cut, but had the oak leaf, smoke or polka-dot pattern instead of the black colour. The jackets generally did not have collar patches, but only the eagle on the sleeve and shoulder straps, respectively upper arm insignia of rank.

[59] V. Bl. d. Waffen-SS vom 15. April 1942, Ziffer 134
[60] *V. Bl. of the Waffen-SS from April 15th 1942, number 134*
[61] V. Bl. d. Waffen-SS vom 15.Januar 1943, Ziffer 26
[62] *V. Bl. of the Waffen-SS from January 15th 1943, number 26*

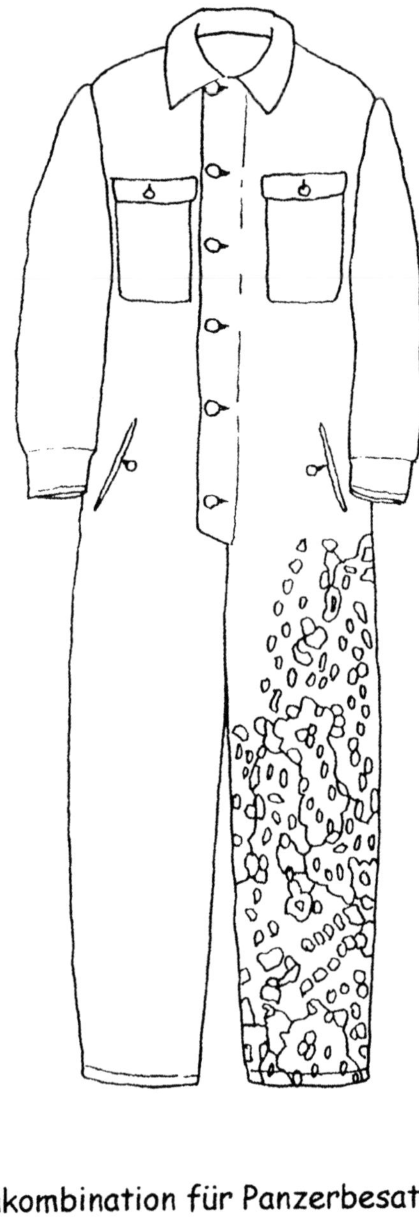

Tarnkombination für Panzerbesatzungen
(Erbsentarnmuster)
Camouflage one-piece overall for tank crews
(polka dot pattern)

Drillichanzug, getarnt, für Panzerbesatzungen
(verschwommenes Konturenmuster)
Camouflage fatigue dress for tank crews
(blurred edge pattern)

Winter-Tarnwendeanzug
Reversible winter camouflage suit

Am 1. Oktober 1943 führte das SS-WVHA einen mit Reißwolle gefütterten, wendbaren Tarnanzug mit zusätzlichen Handschuhen und einer besonderen Kopfhaube ein. Dieser war auf der einen Seite weiß, auf der anderen in verschiedenen Tarnmustern – für Frühjahr oder Herbst, bzw. ab 1944 in Erbsentarnmuster und 1945 auch im Leibermuster – bedruckt und wurde über der feldgrauen Uniform getragen.

Die Jacke mit aufgesetzter Kapuze hatte sechs Metallknöpfe auf der einen und sechs weiße Kunststoffknöpfe bzw. weiß lackierte Metallknöpfe auf der weißen Tarnseite. Über den Knöpfen befand sich eine zusätzliche Stoffleiste. In der Taille sowie am Unterrand der Jacke und an den Enden der Ärmel befanden sich Durchzüge mit Stoffbändern, die zusammengezogen gegen die Kälte abdichten sollten.

Der Bereich der Ellenbogen wurde mit einer doppelten Stofflage verstärkt. Im unteren Bereich befanden sich zwei schräg eingesetzte Seitentaschen. Eine separate Kopfhaube konnte zusätzlich zur Kapuze als besonderer Kälteschutz getragen werden. Am Oberärmel befanden sich meist Preßpappe- oder Kunststoffknöpfe, an denen farbige Erkennungsbänder („Freund oder Feind") befestigt werden sollten.

Die Hose verfügte über zwei schräg eingesetzte Seitentaschen mit Patten und wurde durch eine über die Mitte hinausragende Klappe vorn mit vier Knöpfen verschlossen. Zwei Hosenträger waren auf der Rückseite über Kreuz fest vernäht und konnten vorne an zwei Knöpfen befestigt werden. Die Hosenbeine waren am Knie ebenfalls beidseitig mit einer doppelten Stofflage verstärkt. Die Hosenbeinenden konnten durch Bänder zusammengezogen werden.

Die Kopfhaube hatte im Bereich der Ohren Aussparungen, um das Hören zu erleichtern und konnte durch ein Band im Halsteil verschlossen werden. Bei den Handschuhen handelte es sich um Fäustlinge, bei denen der Zeigefinger parallel zum Daumen als Einzelfinger gearbeitet war, um ein Betätigen des Abzuges einer Waffe zu gewährleisten. Die Handschuhe wurden oft innen über Schulter und Nacken mit einer Schnur verbunden, um ein Verlieren zu verhindern. Über die Ärmel gestülpt konnten sie außerdem durch ein Band zusammengezogen werden.

On the 1st of October 1943 the SS-WVHA introduced a reversible camouflage suit lined with shoddy with additional gloves and a special hood. This suit was white on one and on the other side printed with different camouflage patterns – for spring and autumn, respectively with polka-dot pattern from 1944 and 1945 also with the Leiber pattern and worn over the field grey uniform.

The jacket with attached hood had six white plastic buttons, or six metal buttons which were painted white on the white camouflage side. The buttons were covered with an additional button panel. The waist, the bottom of the jacket and the sleeve cuffs had drawstrings which, pulled tight, provided a protection against the cold.

The elbows were reinforced with a double layer of cloth. It had two diagonally inserted side-pockets lower down. A separate cap could be worn additionally to the hood, as an extra protection against cold. The upper sleeves usually had pressed carton or plastic buttons where coloured distinguishing ribbons („friend or foe") could be attached.

The trousers had two diagonally inserted frontal flap-pockets and could be closed with four buttons under a frontal flap. Two braces were firmly attached crosswise to the back of the trousers and could be fastened to the front with two buttons. The knees were also reinforced with a double layer of cloth. The cuffs could be pulled tight with drawstrings.

The hood had gaps around the ears for better hearing and could be laced closed with a ribbon at the throat. The gloves were mittens with a separate index finger to make it possible to use a gun while wearing them. The gloves often were worn with a connecting string around the neck to prevent losing them. They could be pulled tight around the wrists with a drawstring and were worn on top of the sleeves.

Drillichanzug, getarnt, 1944
Fatigue suit, camouflaged, 1944

Am 1. März 1944 führte die Waffen-SS einen Drillichanzug, getarnt, in der sog. Fischgrätwebung ein. Der Schnitt lehnte sich an die Feldbluse Modell 1943[63] an. Die generell nur mit einem Ärmeladler versehene Jacke war außen im fünffarbigen, sog. Erbsentarnmuster bedruckt und innen naturfarben. Partiell wurde sie mit brauner Kunstseide gefüttert. Die Drillich-Tarnhose war im Schnitt identisch mit der im Juli 1942 eingeführten Keilhose. Ein kleiner Unterschied bestand darin, daß die Uhrentasche keine Klappe besaß. Durch die Einführung dieses getarnten Drillichanzuges konnte die Waffen-SS einige Verbesserungen hinsichtlich der Materialknappheit Deutschlands verwirklichen. Erstens fiel die Herstellung der schilfgrünen Drillichuniformen, sowie der bisherigen Tarnjacken weg und zweitens wurde der Bedarf an feldgrauen Uniformen eingeschränkt.

Bei letzteren zeigte sich der Rohstoffmangel ganz besonders.[64] Nicht zuletzt sparte man auch an Abzeichen, denn am 15. Juli 1944 gab das Verordnungsblatt der Waffen-SS folgende Anweisung bekannt:[65] „Auf dem Tarndrillich sind keine Schulterstücke oder Schulterklappen zu tragen."

Somit blieb nur der Ärmeladler. Da die Drillichanzüge, getarnt, sich kaum für die Verwendung im Winter eigneten, waren sie im Herbst von den Trossen einzuziehen. Nachteilig wirkte es sich jedoch aus, daß die Uniform im Gegensatz zu den Tarnjacken nicht wasserabweisend war.

On the 1st of March 1944, the Waffen-SS introduced a camouflaged fatigue suit in so-called fishbone weave. The cut followed the one of the battle dress 1943[66]. The jacket which generally only had the sleeve eagle, was printed with the five-coloured polka-dot pattern on the outside and had the natural colour on the inside. It was partially lined with brown synthetic silk. The fatigue pants had the identical cut as the slacks introduced 1942 – a small difference was that the watch pocket did not have a flap. With the introduction of this camouflaged fatigue suit, the Waffen-SS could realize some improvements in view of the material shortage in Germany. Firstly the manufacturing of the green fatigues and the previous camouflage jackets was rendered unnecessary and secondly the request of field grey uniforms was lower.

With those the lack of material had shown the most[67]. Also the insignia were economised, for on July 15th 1944 the Verordnungsblatt of the Waffen-SS announced the following order[68]: „No shoulder marks or shoulder straps are to be worn with the camouflaged fatigue suit."

That left only the sleeve eagle. Since the camouflaged fatigue suits were not suited for winter use, they were to be drawn in by the baggage-train in autumn. One drawback in these suits was that they were not waterproof like the fatigue smocks.

Drillichanzug, getarnt, 1945
Fatigue suit, camouflaged, 1945

Im Frühjahr 1945 führte das Deutsche Reich mit dem Drillichanzug, getarnt, im Leibermuster die erste einheitliche Standard-Tarnuniform für alle Truppenteile ein. Bekannt ist, daß Teile der in Schlesien eingesetzten Verbände der 101. Jäger-Division sowie der 20. Waffen-Grenadier-Division der SS (estnische Nr. 1) mit diesen Uniformen ausgestattet wurden. Der Tarnanzug orientierte sich an der Felduniform 1944. Wie der vorherige Drillichanzug, getarnt, (Erbsentarnung) war auch dieser Anzug nicht gefüttert. Die Jacke wurde mit sechs Knöpfen verschlossen und besaß zwei Brusttaschen. Die Hose verfügte über zwei Gesäß- und Seitentaschen sowie über eine Uhrentasche.

With the camouflaged fatigue suit in Leiber pattern the German Reich introduced the first standardised camouflage uniform for all troop parts. It is known that part of the 101st Jäger-Division stationed in Silesia and the 20th Waffen-Grenadier-Division of the SS (Estonian no. 1) were equipped with these uniforms. The camouflage suit oriented itself on the field uniform 1944. Like the previous camouflage suit 1944 (polka-dot pattern), it was not lined. The jacket was closed with six buttons and had two breast-pockets; the trousers had two back- and two side-pockets as well as a watch-pocket.

[63] V. Bl. d. Waffen-SS vom 1. März 1944, Ziffer 99
[64] Ein weitergehender Schritt bezüglich dieses Mangels war die Einführung der Felduniform 1944.
[65] V. Bl. d. Waffen-SS vom 15. Juli 1944, Ziffer 381
[66] *V. Bl. of the Waffen-SS from March 1st 1944, number 99*
[67] *A further step caused by this lack of material was the introduction of the field uniform 1944.*
[68] *V. Bl. of the Waffen-SS from July 15th 1944, number 381*

Drillichanzug, getarnt, 1944 (Erbsentarnmuster)
1944 camouflage fatigue dress (polka dot pattern)

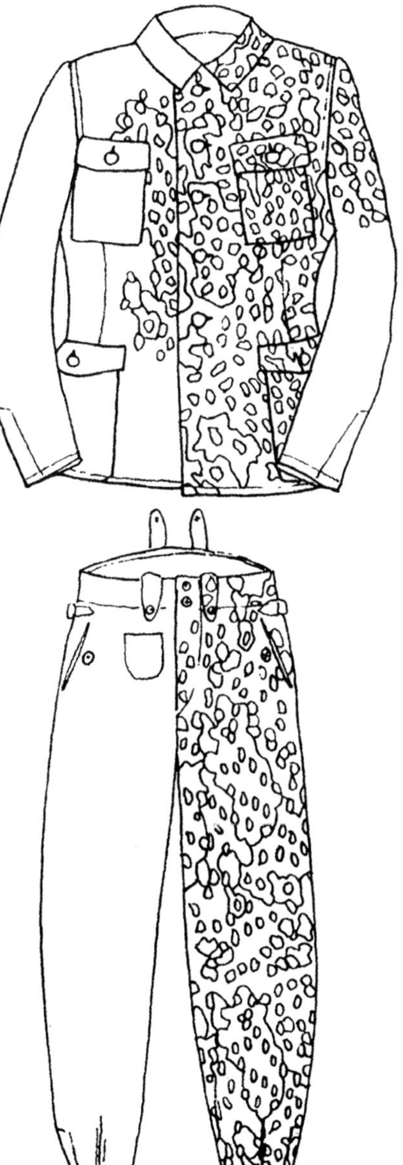

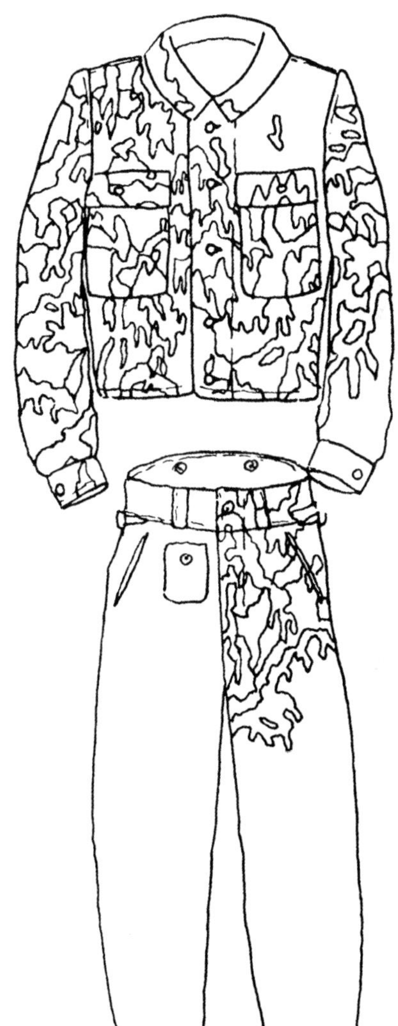

Drillichanzug, getarnt, 1945 (Leibermuster)
1945 camouflage fatigue dress („Leiber" pattern)

Tarnbekleidung

Stahlhelmbezug 1. Modell im Platanenmuster.
Helmet cover 1st model (plane-tree pattern).

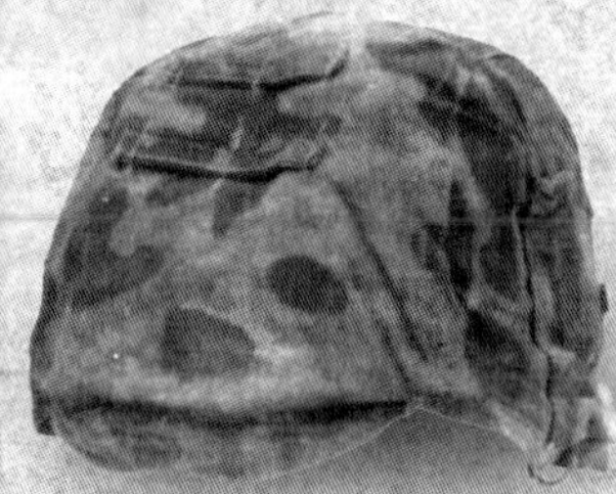

Stahlhelmbezug 2. Modell im Platanenmuster.
Helmet cover 2nd model (plane-tree pattern).

Dieser Stahlhelmbezug wurde vermutlich vom Kompanieschneider an der Front gefertigt.
This helmet cover was probably made by the company tailor at the front line.

Angehörige der 6. SS-Gebirgs-Division „Nord" trugen den Stahlhelmbezug im Sommer teilweise ohne Helm als „Baskenmütze".
Sometimes members of the 6th SS-Gebirgs-Division "Nord" were wearing the helmet cover during the summer months without the helmet, as a beret.

Ursprünglich sollte die Tarnjacke über der gesamten Ausrüstung getragen werden. Dies erwies sich jedoch als zu unpraktisch.
Originally, the camouflage smock was supposed to be worn over the whole equipment. But this turned out to be too unpractical.

Diese Funker tragen die Tarnjacke 2. Modell im Platanenmuster.
These two signallers are wearing the camouflage smock 2nd type (palm-tree pattern).

Man beachte die Stielhandgranaten 1924, die durch die Schlaufen der Tarnjacken 3. Modell gezogen wurden.
Notice the stick grenades 1942 which were put into the loops of the camouflage smocks 3rd type.

Die komplette Tarnausrüstung: Stahlhelmbezug, Tarnjacke und Gesichtsmaske.
The complete camouflage equipment: helmet cover, camouflage smock and face mask.

SS-Sturmbannführer Ullrich – neben SS-Gruppenführer und Generalleutnant der Waffen-SS Gille stehend – trägt eine Tarnjacke 3. Modell. Neben einer zusätzlichen kleinen Schulterklappe wurde ein Reißverschluß eingearbeitet. Man beachte auch, daß seine Mütze keinen Hoheitsadler hat.
SS-Sturmbannführer Ullrich – standing next to SS-Gruppenführer and Lieutenant-General of the Waffen-SS Gille – is wearing a camouflage smock 3rd type. Apart from a small additional shoulder strap, a zipper is added. Notice that his 1943 field cap has no imperial eagle.

Angehörige der 12. SS-Panzer-Division „Hitlerjugend". Neben den Hosen aus italienischem Tarnstoff tragen sie stark abgeänderte Tarnjacken.
Soldiers of the 12th SS-Panzer-Division „Hitlerjugend". Besides the trousers made of Italian camouflage material they are wearing camouflage smocks which have been modified a lot.

Waren keine Stahlhelmbezüge vorhanden, improvisierten die Soldaten.
When no helmet covers were available, the soldiers had to improvise.

Hier wurden die Gesichtsmasken am Stahlhelm nach hinten verschoben.
These soldiers shoved the face masks to the back of their helmets.

Lauerposten im karelischen Urwald. Links vom Baumstumpf ein Soldat mit Gesichtsmaske.
On the watch in the Karelian jungle. Left of the tree-stump, a soldier with face mask.

Diese Männer haben ihre Gesichtsmasken am Helm nach oben geschlagen.
These soldiers turned up their face masks over the helmets.

Tarnkombination für Panzerbesatzungen.
Camouflage combination for tank crews.

Dieser SS-Führer trägt über seiner schwarzen Sonderbekleidung die Jacke des Drillichanzuges, getarnt, für Panzerbesatzungen. Man beachte die beiden silbergrauen Streifen am Oberarm, die ihn als Offizier kennzeichnen.
This SS-Führer is wearing the tunic of the camouflage fatigue dress for tank crews over his black uniform. Notice the two silver-grey stripes on the upper sleeve identifying him as an officer.

Drillichanzug, getarnt, für Panzerbesatzungen (Erbsentarnmuster).
Camouflage fatigue dress for tank crews (polka dot pattern).

Der SS-Führer auf der rechten Bildseite trägt die Jacke geschlossen und statt der Schulterklappen das Oberarm-Dienstgradabzeichen.
The SS-Führer on the right is wearing the tunic closed and the rank insignia on the left sleeve instead of the shoulder straps.

Estnische SS-Führer im Winter-Tarnwendeanzug.
Estonian SS-Führer in the reversible camouflage winter suit.

Ein ukrainischer Freiwilliger (Kragenspiegel!) mit der Hose des Winter-Tarnwendeanzuges. Man beachte die ungewöhnliche Ausführung der Feldbluse 1940.
An Ukrainian volunteer (collar patch!) wearing the trousers of the reversible camouflage winter suit. Notice the unusual style of the battle dress 1940.

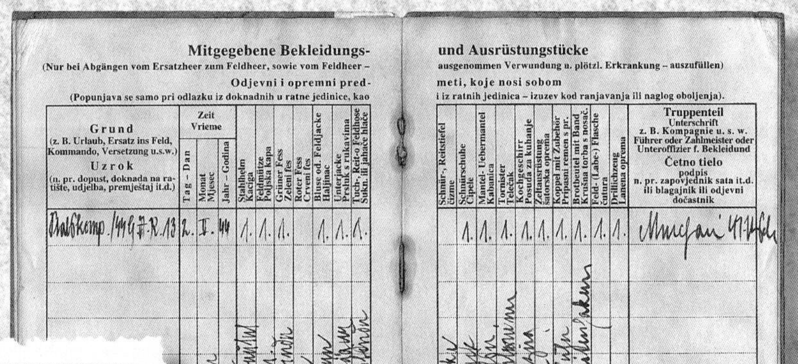

Mitgegebene Bekleidungs- und Ausrüstungstücke
(Nur bei Abgängen vom Ersatzheer zum Feldheer, sowie vom Feldheer – ausgenommen Verwundung u. plötzl. Erkrankung – auszufüllen)
Odjevni i opremni predmeti, koje nosi sobom
(Popunjava se samo pri odlazku iz doknadnih u ratne jedinice, kao i iz ratnih jedinica – izuzev kod ranjavanja ili naglog oboljenja).

Grund (z. B. Urlaub, Ersatz ins Feld, Kommando, Versetzung u.s.w.) Uzrok (n. pr. dopust, doknada na ratište, udjelba, premještaj it.d.)	Zeit Vrieme: Tag – Dan	Monat Mjesec	Jahr – Godina	Stahlhelm Kaciga	Feldmütze Poljska kapa	Grüner Fess Zeleni fes	Roter Fess Crveni fes	Bluse od. Feldjacke Haljinac	Unterjacke Prsluk s rukavima	Tuch-, Reit-o Feldhose Sukn. ili jahače hlače	Schnür-, Reitstiefel čizme	Schnürschuhe Cipele	Mantel- Uebermantel Kabanica	Tornister Telečak	Kochgeschirr Posuda za kuhanje	Zeltausrüstung Šatorska oprema	Koppel mit Zubehör Pripasni remen s pr.	Brotbeutel mit Band Krušna torba s nosač.	Feld- (Labe-) Flasche čutura	Drillichzeug Lanena oprema	Truppenteil Unterschrift z. B. Kompagnie u. s. w. Führer oder Zahlmeister oder Unteroffizier f. Bekleidund Četno tielo podpis n. pr. zapovjednik sata it.d. ili blagajnik ili odjevni dočastnik
[illegible] 13	2.	II.	44	1.	1.	1.		1.	1.	1.		1.	1.	1.	1.	1.	1.	1.	1.	1.	[illegible]

–8– –9–

Lettische SS-Angehörige. Links trägt der Soldat eine Pelzmütze sowie die Jacke des Winter-Tarnwendeanzuges. Man beachte außerdem die Vielfalt der Uniformen.
Latvian SS-men. On the left, the soldier is wearing a fur cap and the parka of the reversible camouflage winter suit. Notice the variety of the uniforms.

Winter-Tarngesichtsmaske
Camouflage winter face mask

Vorschriftsmäßig trägt dieser Angehörige der 23. Waffen-Gebirgs-Division der SS „Kama“ (kroatische Nr. 2) den Kragen seines Hemdes über dem Kragen der Drillichjacke, getarnt, 1944 (Erbsentarnmuster)
This man of the 23rd Waffen-Gebirgs-Division der SS "Kama"(Croatian no. 2) is wearing the collar of his shirt over the collar of the 1944 camouflage fatigue jacket (polka dot pattern).

Albanische SS-Angehörige mit dem Drillichanzug, getarnt (Erbsentarnmuster).
Albanian SS-men wearing the 1944 camouflage fatigue dress (polka dot pattern).

Diese Aufnahme ist eine Rarität. Sie zeigt Soldaten im Drillichanzug, getarnt 1945 (Leibermuster).
A rarity. This photo shows soldiers in the 1945 camouflage fatigue dress („Leiber" pattern).

Foto: Sammlung Wikke

Sonstige Bekleidung
Other clothing

Gesellschaftsanzug für Führer[69]
Evening dress for Führer[70]

Am 25. Mai 1936 gelangte für die gesamte SS, einschließlich SS-VT, ein zweireihiger Gesellschaftsanzug für Führer aus schwarzem Tuch zur Einführung. Der Rock war dem SS-Dienstrock ähnlich, hatte jedoch weiße Vorstöße und umgelegte Brustklappen, die bei SS-Oberführern und höheren Dienstgraden mit silbergrauem Tuch ausgeschlagen waren. Am linken Oberarm wurde das aluminiumgestickte Hoheitszeichen getragen; weiterhin zeigte der Rock Kragenspiegel, Ärmelstreifen und Kragenschnur. Es sollten jedoch prinzipiell keine Achselstücke verwendet werden. Die Hosen hatten seitlich an jedem Bein einen weißen Streifen bzw. zwei weiße Streifen für Dienstgrade ab SS-Oberführer. Der Gesellschaftsanzug war nicht auf der Straße – als Ausgehanzug – zu tragen, sondern nur zu besonderen gesellschaftlichen Anlässen, wie z.B. Empfängen oder Ballveranstaltungen.

On the 25th of May 1936 a double-breasted evening suit for Führer made of black material was introduced for the whole SS, including the SS-VT. The jacket resembled the SS-service tunic, but with white edging and upturned breast-flaps which were lined with silver-grey material for SS-Oberführer and higher ranks. Nationality insignia worked with aluminium thread were worn on the left upper arm; apart from that the jacket had collar patches, sleeve stripes and collar braid. Epaulettes on the other hand were to be generally omitted. The pants had a white stripe on the side, respectively two white stripes for ranks from SS-Oberführer upwards. The evening dress was not to be worn on the street, as outdoor-dress, but only on special society events like receptions or at a ball.

Weiße Dienströcke und -mützen für Führer
White service dress and cap for Führer

Im Sommer 1937 in der Wehrmacht als weißer Rock neuer Art (n.A.) eingeführt, konnten auch Führer der SS-VT und der SS-TV weiße Dienströcke und -mützen erwerben. Die ungefütterte Jacke aus Leinenstoff, im identischen Schnitt des erdgrauen Dienstrockes, durfte mit der weißen Dienstmütze zwischen dem 1. April und dem 30. September als Ausgehrock, sowie im Dienst angezogen werden. Die zur feldgrauen Hose getragenen weißen Bekleidungsstücke waren jedoch mit Weisung Himmlers vom 15. Juni 1940 nur noch innerhalb der Diensträume und schließlich überhaupt nicht mehr zu verwenden.[71]

When introduced in the summer of 1937 in the Wehrmacht as white tunic n.A. (new type), also Führer of the SS-VT were permitted to acquire white service dress and caps. The unlined linen jacket, identical in cut with the earth grey service dress, could, together with the white service cap, be worn on leave and on duty between the 1st of April and the 30th of September. With a decree by Himmler, the white garments worn with the field grey trousers were from June 15th 1940 only to be worn within quarters and eventually to be abandoned completely[72].

---

[69] SS-Befehlsblatt vom 25. Mai 1935, Ziffer 4
[70] *SS-Befehlsblatt from May 25th 1935, number 4*
[71] V. Bl. der Waffen-SS vom 15. Juni 1940
[72] *V. Bl. of the Waffen-SS from June 15th 1940*

Drillichanzug
Fatigue dress

Der aus ungebleichtem Leinen hergestellte Drillichanzug diente vor allem als Arbeits- und Exerzieranzug und sollte somit die erd- bzw. feldgraue Uniform schonen. Die fünf Knöpfe an der Jacke wurden mittels Sprengringen befestigt, um zum Waschen entfernt werden zu können. Im Gegensatz zur Feldbluse verfügte die Drillichjacke nur über zwei offene Seitentaschen, besaß aber auch einen Hakenverschluß am Kragen. Die Jacke ließ sich mit Hilfe von Zugbändern in der Taille verstellen. Schulterklappen oder Kragenspiegel sollten nicht getragen werden. Die Drillichhose entsprach im Schnitt der Tuchhose, hatte jedoch ebenfalls nur zwei offene Seitentaschen.

Mit der Einführung des schilfgrünen Drillichanzugs aus Köperdrillich im Februar 1940 wurde die Produktion des naturfarbenen Drillichanzugs eingestellt. Vorhandene Bestände wurden jedoch bis weit in die Mitte des Krieges aufgetragen. Der schilfgrüne Drillichanzug hatte zunächst etwa den gleichen Schnitt wie der weiße Arbeitsanzug. 1942 wurde er jedoch modifiziert: die Drillichjacke hatte nun den gleichen Schnitt wie die feldgraue Tuchbluse, wodurch sie nun auch als Sommerfeldbluse verwendet werden konnte. Gefüttert war sie nur im Schulterbereich und an den Armlochausschnitten mit Drillichstoff bzw. auch braungrüner Kunstseide für Führer. Die Hose entsprach der bisherigen weißen.

The fatigue dress made of unbleached linen was mainly conceived as a working- and drill dress, and was supposed to reduce the strain on the earth- and field grey uniform. The five buttons were affixed to the jacket with metal rings to make them easily removable for washing. As opposed to the battle dress, the fatigue jacket only had two open side pockets, but it also had the hook-closure on the collar. The width of the jacket could be adjusted with drawstrings at the waist. Shoulder straps or collar patches were not supposed to be worn. The fatigue pants had the same cut as the cloth trousers, but it also only had two side pockets.

When the green fatigues made of twill were introduced in February 1940, the production of the natural-coloured fatigue dress was suspended, although existing supplies were worn until long into the middle of the war. The green fatigue dress initially had the same cut as the white working dress, but was modified in 1942: The fatigue jacket now had the same cut as the field grey battle dress. In this way it could now be used as summer battle dress as well. Only the shoulder part and the armpits were lined with linen, respectively grey-green synthetic silk for Führer. The trousers were the same as the previous white ones.

Hemden
Shirts

Ein weißes Hemd ohne Kragen diente zunächst ausschließlich als Unterhemd. Durch Aufsetzen eines Kragens konnte das Hemd als Oberhemd getragen werden. Im Gegensatz zu später eingeführten Hemden, besaß das weiße Hemd keine Taschen. Beide Ausführungen – mit und ohne Kragen – hatten einen etwa 35 cm langen Brustschlitz, der das An- und Ausziehen des Hemdes erleichterte. Meist wurde dieser mit vier Knöpfen verschlossen. Als Oberhemd benutzt, mußte bei geöffneter Feldbluse generell eine schwarze Krawatte getragen werden.

Daneben gab es das Braunhemd, das lange Zeit der Inbegriff der NSDAP und ihrer Gliederungen war. Mit aufgesetzten Kragen und durchgehend geknöpft, gab es Varianten mit und ohne Brusttaschen. Wie beim weißen Hemd hatte bei geöffnetem Kragen der Feldbluse ein schwarzer Binder getragen zu werden.

A white shirt without collar initially only served as an undergarment. When a collar was affixed, it could be worn as a normal shirt. In contrary to the shirts that were introduced later, this shirt did not have any pockets. Both models – with and without collar – had an opening at the chest of about 35 centimetres length to ease the dressing and undressing. This was usually closed with four buttons. When used as a top shirt, a black tie generally had to be worn with open battle dress.

Apart from this there was the brown-shirt which for a long time was associated with the NSDAP and its members. With collar attached and buttoned down the front, there were variations with and without breast-pockets. As the white shirt it had to be worn with a black tie with open-collared battle dress.

Die braunen Hemden führten während des Polenfeldzuges im September 1939 zu Verwechslungen mit polnischen Truppen. So erinnert sich der ehemalige Angehörige der SS-Heimwehr Danzig Leo Wilm: „Es muß ungefähr 15 Uhr gewesen sein, als der Himmel seine Schleusen öffnete, denn ein Gewitter mit starkem Regen ergoß sich über uns. Donner und Abschüsse von Geschützen konnte man nicht mehr unterscheiden. Als die Flieger kamen und über Dirschau ihre Bomben abwarfen, wurden auch unsere Stellungen getroffen, und wir hatten Verluste. Das kam daher, weil sich unsere Männer nach dem Regen der nassen Waffenröcke entledigt hatten und wir durch unsere braunen Hemden wie polnische Soldaten aussahen…"

Mit Wirkung vom 15. September 1943 übernahm die Waffen-SS das am 23. Juni 1943 von der Wehrmacht eingeführte graugrüne Stoffhemd mit Kragen.[73] Es gab zwei Ausführungen: einmal mit einem etwa 35 cm langen Brustschlitz und einmal durchgehend geknöpft. Das Hemd hatte zwei Brusttaschen. Soweit im Sommer keine Feldbluse getragen wurde, trugen die Männer meist Schulterklappen oder Oberarm-Dienstgradabzeichen.

The brown shirts led to confusions with the Polish troops during the Poland campaign. Leo Wilm, a former member of the SS-Heimwehr Danzig remembers: „It must have been about three o'clock in the afternoon when the sky opened the flood-gates, for a storm began and the rain came pouring down. Thunder and rifle fire was indistinguishable. When the planes came and dropped their bombs on Dirschau, our positions were hit as well and we had losses. This happened, because our men had taken off their wet battle dresses after the rain and we looked like Polish soldiers in our brown shirts…"

With effect from the 15th of September 1943 the Waffen-SS took over the grey-green shirt with collar from the Wehrmacht on the 23rd of June 1943[74]. There were two styles of this – one with a chest opening of about 35 centimetres, and one that was buttoned down the front. The shirt had two breast-pockets. As far as no battle dress was worn during summer, the men usually wore shoulder straps or upper-sleeve rank insignia.

Unterhosen
Underpants

Es gab kurze, knielange und lange weiße Unterhosen aus Baumwollstoff. Das Verordnungsblatt der Waffen-SS gab am 15. November 1941 bekannt, daß zur schnellen und haltbaren Ausbesserung der erfahrungsgemäß im Schritt sehr schnell abgenutzten Unterhosen ein Unterhoseneinsatz für die Waffen-SS eingeführt werden sollte.[75]

There were three variations of underpants: short, knee-length and long johns, all made of white cotton. The Verordnungsblatt of the Waffen-SS informed on the 15th of November 1941 that an underpants-inset was to be introduced for the Waffen-SS, to repair the from experience quickly wornthrough underpants in a quick and effective way[76].

Pullover
Pullovers

Die offiziell auch als Schlupfjacken bezeichneten Pullover wurden im März 1936 eingeführt. Sie waren aus grauem Kammgarn gestrickt und hatten einen um den Kragen sowie die Ärmelenden laufenden etwa 1,5 cm breiten grünen Streifen. Es gab eine Variante mit rundem und eine mit V-Ausschnitt. Ende 1942 wurde noch eine Schlupfjacke in Form eines Rollkragenpullovers eingeführt. Im Gegensatz zu den anderen Pullovern fehlten ihm die grünen eingestrickten Streifen.

The pullovers which were officially also known as slip-on jackets were introduced in March 1936. They were knitted with grey yarn and had a green, about 1,5 cm wide stripe around the collar and the sleeves. There was one variation with a round collar, and one with a V-neck. Towards the end of 1942 a turtleneck pullover was introduced as well. This one did not have the green stripes like the other ones.

[73] V. Bl. d. Waffen-SS vom 15. September 1943, Ziffer 335
[74] *V. Bl. of the Waffen-SS from September 15th 1943, number 335*
[75] V. Bl. d. Waffen-SS vom 15. November 1941, Ziffer 447
[76] *V. Bl. of the Waffen-SS from November 15th 1941, number 447*

Sportbekleidung
Sport dress

Die Sportbekleidung bestand aus einem ärmellosen, i.d.R. weißen Baumwolltrikothemd sowie einer schwarzen Sporthose, die nicht ganz zur Mitte der Oberschenkel reichte. Auf der linken hinteren Seite war eine Gesäßtasche aufgenäht. Dazu gab es einen sog. Sportschutzanzug (Trainingsanzug) aus dunkelgrau-blauem Baumwolltrikot. Die Bluse hatte einen aufgesetzten Kragen, lange Ärmel, die über einen rund 9 cm breiten elastischen Bund verfügten, sowie einen etwa 22 cm langen Brustschlitz, der mit einem Reißverschluß geschlossen wurde. Im Bund der Bluse war ein Gummiband eingearbeitet. Die Hose war besonders weit geschnitten und ähnelte einer sog. Überfallhose. Am Bund sowie den Beinenden waren Gummibänder eingearbeitet. Als Sportschuhe dienten lederne Laufschuhe, die bis unter die Knöchel reichten und mit vier Ösen verschlossen wurden. Statt eines Absatzes verfügten die Schuhe nur über einen flachen Fersenkeil.

Sport dress consisted of a sleeveless and as a rule white stockinet shirt and black sport pants which reached almost until the middle of the thighs. On the left side, on the back, a pocket was appliquéd. Additionally there was a so-called sportsprotective-suit (training suit) of dark-grey/blue stockinet. The jacket had an attached collar, long sleeves with 9 centimeter wide elastic sleeve-bands and a chest opening of 22 centimetres which was closed with a zipper. The waist had an elastic band inserted. The trousers had a very roomy cut and resembled the pelmet trousers. The waist and the cuffs had elastic bands inserted. Leather running shoes served as training shoes, they did not cover the ankles and were closed with four eyes. Instead of a heel these shoes only had a flat leather wedge.

Mückenschleier
Mosquito veil

Der Mückenschleier – teilweise auch als Moskitonetz bezeichnet – bestand aus einem feldgrauen Fließnetz und wurde vor allem an die Angehörigen der in Sümpfen und Urwäldern eingesetzten Truppenteile ausgegeben. Meist über der Kopfbedeckung getragen, wurden die Enden einfach in den Kragen der Feldbluse gesteckt. Eine seltene Variante stellte ein in Tarnfarben bedruckter Mückenschleier dar.

The mosquito veil – sometimes also called mosquito net – consisted of a field grey webbing and was issued mainly to the troops stationed in swamp and jungle areas. It usually was worn over the headgear and the ends were simply tucked into the collar of the battle dress. A rare variation was a camouflageprint mosquito veil.

Socken und Fußlappen
Socks and footcloths

Die Socken wurden aus grauer Wolle gefertigt und in vier Größen hergestellt (erkennbar an der Anzahl der weiß eingestrickten Ringe). 1944 folgte im Zuge der ständigen Vereinfachung und Standardisierung der deutschen Uniformen die Einführung von sog. Finnensocken, also schlauchförmigen, rundgestrickten Eingrößensocken ohne Ferse. Etwas gewöhnungsbedürftig und auf Grund der dadurch teilweise hervortretenden Blasen auch nicht besonders gerne von den Soldaten benutzt, waren die Fußlappen. Diese waren rechteckig (ca. 40 x 40 cm) geschnitten, meist aus Flanell und wurden anstatt oder über den Socken getragen. Im Winter wurde den Männern angeraten, zusätzlich Zeitungspapier in die Fußlappen zu legen, um für weitere Wärme zu sorgen.

The socks were of grey wool and manufactured in four sizes (sizes identifiable by the number of rings knitted in white). In the course of the continuous simplification and standardisation the introduction of the so-called fin-sock ensued in 1944. These were tube-like round-knit one-size socks without heels. The footcloths took a bit to get used to and were generally disliked by the soldiers as they caused blisters. They were a square of about 40 x 40 centimetres, usually made of flannel and worn instead or on top of the socks. In winter the men were advised to additionally put some newspaper inside their footcloths for more warmth.

Handschuhe
Gloves

Die Handschuhe gab es vor allem in drei Ausführungen: graue Leder-Fingerhandschuhe, die meist von Führern und Unterführern – seltener auch von Mannschaften beim Ausgang – getragen wurden, graue gestrickte Handschuhe (als Finger- oder Fausthandschuhe), die vor allem von den Mannschaften im Felddienst Verwendung fanden, sowie graue Tuchhandschuhe aus Mantelstoff. Diese wurden i.d.R. als Fäustlinge hergestellt und z.T. mit Fell gefüttert, wobei der Zeigefinger wie der Daumen als einzelner Finger gefertigt wurde, um u.a. das Schießen zu ermöglichen.

The gloves were mainly available in three variations: grey leather gloves, usually worn by Führer or Unterführer and rarely also by crew members on leave, grey knitted gloves (gloves or mittens) which were mostly used by the companies in the field, and grey cloth gloves made of coat material. Those were generally manufactured as mittens and partly lined with fur. The index finger was separate, to allow access to the trigger.

Koppel
Belt

Das Koppel bestand aus einem etwa 4,5 cm breiten und 4 mm dicken braunen Lederriemen, dessen Außenseite geschwärzt war. Am linken Ende befand sich ein Schließhaken und am rechten Ende wurde das Koppelschloß eingehängt. Nachdem Hitler der SS am 9. November 1931 den Wahlspruch „Deine Ehre heißt Treue“ verliehen hatte, wurde das Motto „Meine Ehre heißt Treue“ auf den Koppelschlössern getragen. Erster Hersteller war die Firma Overhoff & Cie. Es folgten unter der Aufsicht der Reichszeugmeisterei (RZM) weitere Hersteller. Diese sog. RZM-Stücke zeigten auf der Rückseite die Bezeichnung RZM und die Sig-Runen. Zwischen diesen beiden lagen zwei, durch einen Schrägstrich geteilte Zahlen. Die erste war die RZM-Nummer des Herstellers und die zweite das Herstelljahr.

Bis 1940 wurden die Koppelschlösser für sonstige Dienstgrade i.d.R. aus Leichtmetall hergestellt – danach aus Eisen. Die Führer-Schlösser unterschieden sich optisch zu denen der sonstigen Dienstgrade (Kastenschlösser): sie waren rund (Durchmesser 49 mm), wurden anfänglich ebenfalls aus Leichtmetall hergestellt und später aus Feinzink.

The belt consisted of a leather strip of about 4,5 centimetres width, the outer side of which was blackened. The left end had a catch and on the right end the belt buckle could be attached. Since Hitler bestowed the sentence "Your honour is loyality" („Deine Ehre heißt Treue") on the SS on the 9th of November 1931, the belt buckles received the motto "My honour is loyality" („Meine Ehre heißt Treue") as an inscription. The first manufacturer was the business Overhoff & Cie. Under supervision of the Reichszeugmeisterei (ordnance department, RZM), other manufacturers followed. Those so-called RZM-pieces had "RZM" on the back, and the Sig-runes. Between the two were two numbers divided by a slash. The first was the RZM-number of the manufacturer, the second the year of production.

Until 1940, the buckles for other ranks generally were of light metal – later of iron. The Führer buckles optically differed to those of the other ranks (rectangles) – they were round (diameter 49 millimetres). Initially they were manufactured of light metal, too and later of fine zinc.

Zeltbahnen
Canvasses

Die dreieckigen Zeltbahnen hatten die Maße 203 x 203 x 240 cm und waren zweiseitig mit vor allem grüngefleckter Frühjahrs- bzw. braungefleckter Herbst-Tarnung bedruckt. In der Mitte hatten sie einen Schlitz, durch den der Soldat den Kopf stecken und somit die Zeltbahn als zusätzlichen Wetterschutz und Tarnung nutzen konnte. Nachdem es der SS-VT anfänglich nicht gelungen war, alle ihre Männer mit entsprechenden Zeltbahnen auszustatten, wurden auch graue dreieckige sowie graue viereckige der Wehrmacht und der ehemaligen Reichswehr ausgegeben. Am 1. Januar 1941 sollten daraufhin alle SS-Einheiten die Mengen der vorhandenen Zeltplanen melden, damit eine einheitliche Ausstattung durchgeführt werden konnte.[77] Lagebedingt erhielten ab September 1944 Versorgungstruppen und Trosse – außer den Sanitäts-Kompanien – keine Zeltbahnen mehr.[78]

The triangular canvasses had the measurements of 203 x 203 x 240 cm and were printed on both sides with usually the green-flecked spring-, respectively the brown-flecked autumn camouflage. They had a slit in the middle for the soldier to put his head through and thus use the canvas as an additional weather protection and camouflage. Since the SS-VT initially did not manage to equip all their men with those pieces of canvas, also triangular and square grey ones of the Wehrmacht and the former Reichswehr were issued to the men. On the 1st of January 1941 all SS-units were supposed to report the number of canvasses, to enable a standardised equipment[79]. Due to their positioning, service units and baggage trains (apart from the ambulance companies) did not receive any more canvasses from September 1944[80].

Angehörige des SS-Panzer-Regiments 9 „Hohenstaufen“. Schön ist der Schutzmantel für Kradfahrer zu erkennen und die schwarze Sonderbekleidung für Panzerbesatzungen. Die Hose wird hier im sog. „Überfall“ getragen.
Members of SS Panzer Regiment 9 "Hohenstaufen". One can see nicely the protective coat for motorcyclists and the black special clothing for tank crews. The pants are worn here in the so-called "fall-over".

[77] V. Bl. d. Waffen-SS vom 1. Januar 1941, Ziffer 420
[78] V. Bl. d. Waffen-SS vom 15. September 1944
[79] *V. Bl. of the Waffen-SS from January 1st 1941, number 420*
[80] *V. Bl. of the Waffen-SS from September 15th 1944*

Sonstige Bekleidung

„Sepp" Dietrich im Gesellschaftsanzug für SS-Führer.
"Sepp" Dietrich, wearing the evening-dress for SS-Führer.

Gesellschaftsanzug für SS-Führer.
Evening-dress for SS-Führer.

Weißer Dienstrock und -mütze für SS-Führer.
White SS service tunic and cap for SS-Führer.

Der SS-Unterführer in der Mitte trägt eine leichte Sommerjacke – die beiden Soldaten links und rechts von ihm den Sportanzug.
The SS-Unterführer in the middle is wearing a light summer tunic – the soldiers to his left and to his right the training suit.

Pullover mit V-Kragen.
Pullover with V-neck.

Pullover mit rundem Kragen.
Pullover with round neck.

Weißer Drillichanzug.
White fatigue dress.

Ungewöhnlicherweise trägt dieser Mann
ein schwarzes Baumwolltrikothemd.
Unusually, this man is wearing a black stockinet shirt.

Baumwolltrikothemd.
Stockinet shirt.

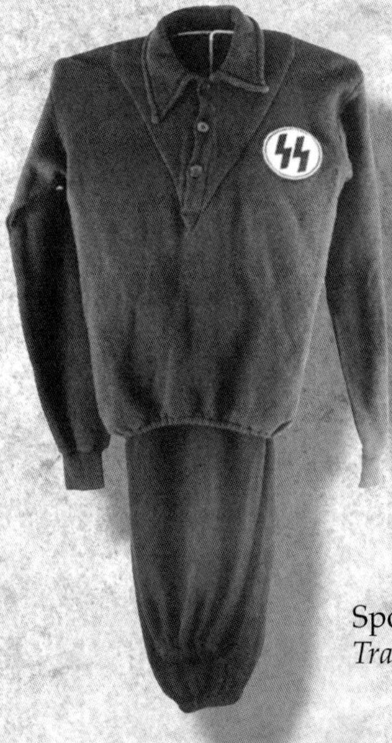

Sportanzug.
Training suit.

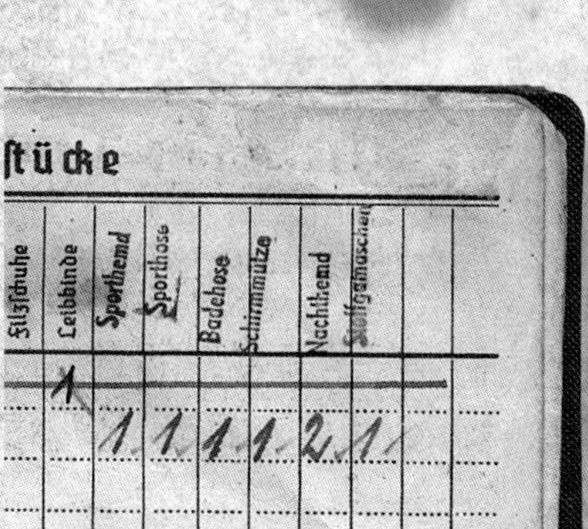

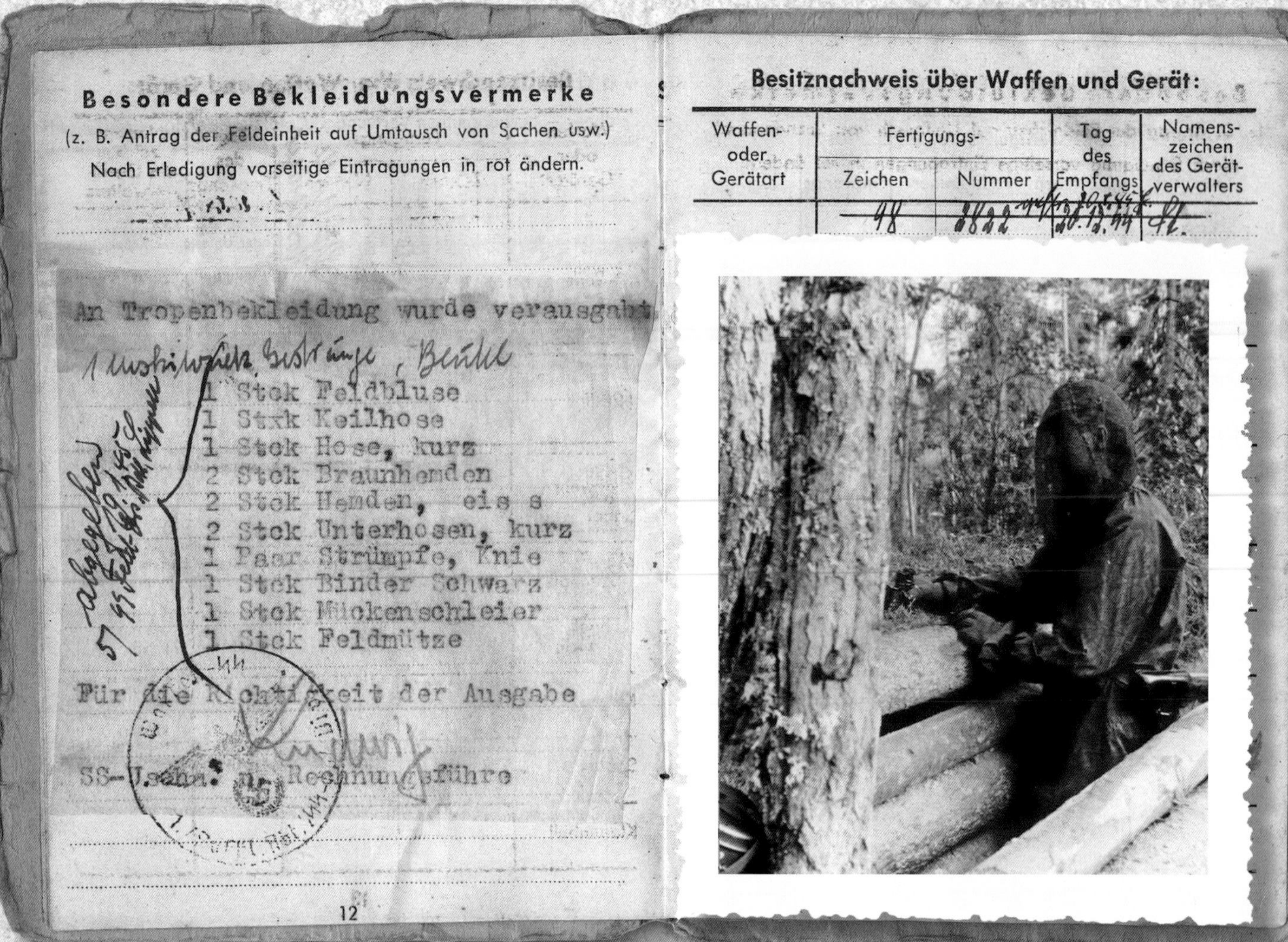

Besondere Bekleidungsvermerke

(z. B. Antrag der Feldeinheit auf Umtausch von Sachen usw.)

Nach Erledigung vorseitige Eintragungen in rot ändern.

An Tropenbekleidung wurde verausgabt

1 Stck Feldbluse
1 Stxk Keilhose
1 Stck Hose, kurz
2 Stck Braunhemden
2 Stck Hemden, eis s
2 Stck Unterhosen, kurz
1 Paar Strümpfe, Knie
1 Stck Binder Schwarz
1 Stck Mückenschleier
1 Stck Feldmütze

Für die Richtigkeit der Ausgabe

SS-[illegible] u. Rechnungsführe

12

Besitznachweis über Waffen und Gerät:

Waffen- oder Gerätart	Fertigungs- Zeichen	Fertigungs- Nummer	Tag des Empfangs	Namenszeichen des Gerätverwalters
	48	8822	[illegible]	[illegible]

Mückenschleier.
mosquito veil.

Feldbinde für SS-Führer.
Brocade belt for SS-Führer.

Koppel und Koppelschloß für SS-Führer.
Belt and belt buckle for SS-Führer.

Koppel und Koppelschloß für SS-Mannschaften und SS-Unterführer.
Belt and belt buckle for SS-men and NCO's.

Die zur Ordensverleihung angetretenen Angehörigen der SS-Kavallerie-Brigade tragen drei Ausführungen der Handschuhe: Leder, Stoff und Strickwaren.
These soldiers of the SS-Cavalry-Brigade – about to be decorated – are wearing three types of gloves: of leather, cloth and knitted.

Tarnhandschuhe.
Camouflage gloves.

1935/36 wurden noch oft Zeltbahnen der Wehrmacht (Splittermuster) verwendet.
Wehrmacht canvasses (splinter pattern) were often used in 1935/36.

Trageweise der Zeltbahnen als Regenumhang.
Shelter quarters are here worn as rain capes.

Die Soldaten des SS-Panzer-Regiments 5 „Wiking" erhielten die seltenen Schlafsäcke.
The soldiers of the SS-Panzer-Regiment 5 "Wiking" received the rare sleeping-bags.

Abzeichen / *Insignia*

Hoheitsadler und Totenkopf auf Kopfbedeckungen
Eagle and death's-head on headgear

Als die Leibstandarte SS „Adolf Hitler" im Sommer 1935 als erste bewaffnete Formation der SS eine erdgraue Uniform erhielt, brachte dies die Einführung neuer Abzeichen mit sich. Bisher hatte die schwarze SS-Uniform keinen Ärmeladler, sondern nur die Hakenkreuzarmbinde gehabt. Die Mützenabzeichen bestanden bei ihr aus dem Hoheitsadler der Partei und einem Totenkopf, der dem der Preußischen Leibhusaren ähnlich sah. Nunmehr wurde für die erdgrauen Dienstmützen – später auch auf die schwarzen übernommen – ein eigens für die SS entworfener Hoheitsadler gefertigt. Außerdem erhielt der Totenkopf ein Kinn und wurde schlechthin „das" Kennzeichen der SS: „Der Orden unter dem Totenkopf".

Die Abzeichen wurden für die erdgrauen Dienstmützen aus mattem Aluminium, für die schwarzen Dienstmützen aus versilbertem Cupal hergestellt. Im Laufe des Krieges folgten auf Grund der Rohstofflage auch legierte Feinzink-Ausführungen. Die eigentlich nur für Dienstmützen gedachten Metallabzeichen fanden später bei vielen Kopfbedeckungen – inoffiziell – Verwendung (z.B. Pelzmützen).

Grundsätzlich waren bei allen anderen Kopfbedeckungen Stoffabzeichen zu tragen. Diese waren zunächst für die 1939 eingeführte Feldmütze für Führer im Luftwaffenstil mit Aluminiumfaden auf schwarzem Grund maschinengewebt. Die 1940 folgende Feldmütze n.A. für sonstige Dienstgrade erhielt mit grauem Kunstseidefaden auf schwarzem Grund ebenfalls maschinengewebte Abzeichen. Eine offizielle Kombination aus Metall- und Stoffabzeichen stellte die Feldmütze a.A. dar, die einen Metallknopf auf der Stirnseite hatte, auf dem der Totenkopf abgebildet war und auf der linken Seitenklappe einen Stoffadler.

Für die Tropenmützen wurde ein sandfarbener Kunstfaden, für die getarnte Feldmütze brauner Kunstfaden für die Herbst- und grüner Faden für die Frühjahrstarnung auf schwarzem Grund verwendet. 1944 gefertigte Abzeichen zeigten den Adler und Totenkopf zusammen auf einer etwa dreieckigen schwarzen und Ende des Jahres auch auf einer feldgrauen Stoffunterlage für die Mützen der Felduniform 1944. Im Laufe des Krieges entwickelten sich aufgrund der Versorgungsschwierigkeiten zahlreiche Variationen, wie z.B. Stoffabzeichen auf Dienstmützen, Metallabzeichen auf Feldmützen oder aber auch die Verwendung von Hoheitsabzeichen der Wehrmacht oder anderer Parteiorganisationen. Letzteres traf auch auf die Ärmeladler zu.

When the Leibstandarte of the SS "Adolf Hitler" as the first of the armed units of the SS received the earth grey uniform, this led to the introduction of new insignia. As yet the black SS uniform did not have a sleeve-eagle but only the swastika armband. The cap insignia were the eagle and the death's-head which looked similar to the one of the Prussian Leibhusare. Now an eagle was manufactured for the earth grey caps – later also taken for the black ones – specifically for the SS. The death's-head received a chin and became "the" distinctive attribute for the SS: "The order under the death's-head".

The insignia for the earth grey service caps were of matte aluminium, the ones for the black service caps of silvered cupal. In the course of the war, because of the supply situation, other versions of alloyed spelter followed. Those metal badges which originally were intended only for service caps were later – unofficially – also used for other headgear (for example the fur caps).

Generally cloth badges were to be worn on all other kinds of headgear. Those initially were of machine-woven aluminium thread on black ground for the field cap for Führer, air-force type, introduced 1939. The field cap second type for other ranks which followed in 1940 also received machine-woven insignia with silver-grey thread on black ground. An official combination of metal and cloth insignia was the field cap first type which had a metal button at the front which sported the death's-head and a cloth eagle on the left side-flap.

A sand-coloured synthetic thread was used for tropical caps, the camouflaged field cap had a brown thread for the autumn- and a green thread for the spring camouflage, all of them on black ground. Insignia manufactured in 1944 showed the eagle and the death's-head together on a black cloth triangle, later this could even be field grey for the caps of the field uniform 1944. In the course of the war several variations developed because of the supply problems, for example cloth badges for service caps, metal badges on field caps or the use of the national insignia of the Wehrmacht or other party organisations. This last also concerned the sleeve-eagle.

Ärmeladler
Sleeve-eagle

Die 1935 eingeführten, am linken Oberärmel der erdgrauen Uniform getragenen Adler ähnelten denen auf den Standarten der SA und SS. Mit der Verwendung einer neuen, feldgrauen Uniform wurde jedoch auch ein neuer Ärmeladler vorgestellt. Dieser entsprach dem ebenfalls 1935 entwickelten Hoheitsadler an den Kopfbedeckungen.

Die Führer trugen meist mit Aluminiumfaden auf schwarzem Samt handgestickte Adler und die sonstigen Dienstgrade mit silbergrauer Kunstseide auf schwarzem Abzeichentuch maschinengestickte Abzeichen. Ab 1939 wurden die Hoheitsadler mit Aluminiumfaden bzw. silbergrauer Kunstseide maschinengewebt. Wie bei den Kopfbedeckungen gab es im Laufe des Krieges Ausführungen für die Tropen- bzw. Tarnuniform. Eine Besonderheit stellte der Ärmeladler für die feldgraue Uniform 1944 dar – hier war erstmals feldgrauer Stoff als Unterlage verwendet worden.

The eagles that were introduced in 1935 and worn on the left upper sleeve of the earth grey uniform, resembled the ones on the standards of the SA and the SS. When the new field grey uniform was introduced, a new sleeve-eagle came at the same time. This corresponded to the cap-eagle developed in 1935.

The Führer usually wore hand-embroidered eagles of aluminium thread on black velvet, and the other ranks machine-embroidered eagles of silver-grey synthetic silk on black insignia fabric. From 1939 on the eagles were machine-woven in aluminium thread, respectively silver-grey synthetic silk. Like with the headgear, there were other models for tropical and camouflage uniforms. A peculiarity was the sleeve-eagle for the field grey uniform 1944 – here for the first time field grey fabric was used.

Kragenspiegel
Collar patches

Getragen wurden die Kragenspiegel auf den Feldblusen, sowie – soweit es sich nicht um Feldtruppenteile handelte – bis 1945 auch auf dem Mantel. Hier waren die Spiegel oftmals etwas größer als bei den Feldblusen. Sie hatten die Form eines Parallelogramms (etwa 60 x 40 mm) und waren bis zum Rang eines SS-Obersturmbannführers aus schwarzem Abzeichentuch gefertigt, das mit leimverstärktem Leinen unterlegt war.

Für höhere Dienstgrade wurde schwarzer Samt verwendet und der Rang dann auf beiden Spiegeln mit Aluminiumfaden handgestickt. Hier zeigte der rechte Kragenspiegel also nicht mehr die Sig-Runen, sondern ebenfalls den Dienstgrad.

Bis 1940 waren die Kragenspiegel für die sonstigen Dienstgrade (SS-Schütze bis SS-Hauptscharführer) noch von einer schwarz-silbernen Kordel umfaßt. Ab SS-Standarten-Oberjunker waren die Spiegel – in diesem Fall bis Kriegsende – mit einer Aluminiumkordel paspeliert. Dienstgrade ab SS-Unterscharführer wurden auf dem linken Kragenspiegel durch 12 mm große Aluminiumsterne dargestellt. Wo nötig, kam eine 6 mm breite, mit schwarzem Kunstgarn durchzogene Aluminiumlitze zur Verwendung. Der rechte Kragenspiegel wurde mit silbergrauer Kunstseide maschinengestickt – für Führer mit Aluminiumfaden handgestickt.

Collar patches were worn on battle dresses and until 1945 – apart from parts of the field-troops – also on the coat. Here the collar patches usually were slightly bigger than the one of the battle dress. They had the shape of a parallelogram (about 60 x 40 mm) and were made of black insignia fabric with underlying glue-reinforced linen for ranks up to SS-Obersturmbannführer.

For higher ranks black velvet was used and the rank hand-embroidered on both patches. So here the right collar patch did no longer show the Sig-runes, but the rank as well.

Until 1940 the collar patches for other ranks of the SS (SS-Schütze up to SS-Hauptscharführer) still had a piping of black/silver cord. From a SS-Standartenführer – in this case until the end of the war – upwards, the patches were piped with aluminium cord. Ranks from SS-Unterscharführer were specified by stars of about 12 mm on the left collar patch. If needed, a 6 mm wide aluminium piping with black synthetic thread running trough it was used. The right collar patch was machine-embroidered with grey synthetic silk – for Führer it was hand-embroidered with aluminium thread.

Anfänglich durfte nur die Leibstandarte SS „Adolf Hitler" Sigrunen ohne nähere Bezeichnung auf dem rechten Kragenspiegel führen.[81] Die anderen Verbände der SS-VT mußten zusätzlich die Standartennummer bzw. die Zeichen der Sonder-Sturmbanne, wie z.B. Pionier- oder Nachrichtensturmbann, tragen. Angehörige der KL-Kommandanturen hatten ein gotisches „K" auf beiden Spiegeln. Ende 1939 sollten dann jedoch – aus Gründen der Tarnung – nur noch Kragenspiegel mit Sig-Runen verwendet werden. Ähnlich war es bei den SS-TV – bis Ende 1939 trugen die Angehörigen neben dem nach vorne sehenden Totenkopf auch die Standartennummer.[82] 1942 erhielten die Angehörigen der SS-Panzer-Grenadier-Division „Totenkopf" schließlich einen Kragenspiegel mit zur Seite blickendem Totenkopf. Anfang 1940 wurden kurzzeitig Kragenspiegel getragen, die auf beiden Seiten die Sig-Runen bzw. den Totenkopf zeigten. 1942 folgte noch die Odal-Rune für Führer der 7. SS-Freiwilligen-Gebirgs-Division „Prinz Eugen".

Nachdem während des Westfeldzuges zahlreiche SS-Einheiten überhaupt keine Kragenspiegel getragen hatten, befahl Himmler im Herbst 1940, daß alle Einheiten der Waffen-SS sowohl am Mantel als auch an der Feldbluse Kragenspiegel zu tragen hätten. Sollten die Spiegel aus Tarnungsgründen abgelegt werden, bedurfte es künftig seiner besonderen Genehmigung.[83]

Als mit den hohen deutschen Verlusten in Stalingrad und Tunis 1943 sowie der Zerschlagung der Heeresgruppe „Mitte" im Sommer 1944 Himmler entgegen seinen bisherigen elitären Zielen befahl, die Musterungen für die neu aufzustellenden SS-Verbände so großzügig wie möglich durchzuführen, gelangten hunderttausende Ausländer in die Reihen der Waffen-SS. In einer Besprechung am 12. April 1943 wurde z.B. bezüglich der ukrainischen Freiwilligen festgelegt: „In Anbetracht der, insbesondere vom rassischen Gesichtspunkt aus, durchschnittlich geringeren

Initially only the Leibstandarte of the SS "Adolf Hitler" was permitted to wear the Sig-runes on the right collar patch without any further indication[84]. The other units of the SS-VT additionally had to wear the standard-number, respectively the insignia of the Sonder-Sturmbann, for example the pioneer- or Nachrichten (intelligence)-Sturmbann. Members of the concentration camp-commands had a gothic "K" on both patches. Towards the end of 1939 only the Sig-runes were to be worn on the collar patches, for reasons of camouflage. It was similar with the SS-TV – until the end of 1939, apart from the frontal death's-head, the members had to wear the standard-number[85]. In 1942, the members of the SS-Panzer-Grenadier-Division "Totenkopf" received collar patches with a death's-head in profile. In the beginning of 1940, collar patches with the Sig-runes or the death's-head on both sides were worn for a short time. 1942 the Odal-rune followed, for Führer of the 7. SS-Freiwilligen-Gebirgs-Division "Prinz Eugen".

After numerous SS-units had not worn any collar patches at all during the Western campaign, Himmler decreed in the autumn of 1944 that all units of the Waffen-SS had to wear collar patches on the coat as well as on the battle dress. If the patches had to be taken off for camouflage reasons, a special permission was needed[86].

When Himmler against his previous rather elitist principles ordered to conduct the muster for the new SS-units as generously as possible because of the high losses in Stalingrad and Tunis 1943 and the neutralisation of the Heeresgruppe "Mitte" in the summer of 1944, hundreds and thousands of foreigners completed the ranks of the Waffen-SS. In a meeting on the 12th of April 1943 for example the following was decreed regarding the Ukrainian volunteers: „In view of the, of a racial viewpoint, averagely lower quality of the local human material, also members of the race groups III and IV are going to be employed."[90]

[81] SS-Befehlsblatt vom 25. März 1937, Ziffer 4 Abs. 2

[82] Eine Ausnahme machten die Angehörigen der KL-Kommandanturen und des SS-Übungslagers Dachau. Am 25. Januar 1939 gab das SS-Befehlsblatt bekannt (Ziffer 2): „In Abänderung der Ziffer II, 2 K des Befehls RF-SS Az. B 23 d / 18.6.37 wird angeordnet, daß die Männer und Führer der Kdtr. des SS-Übungslagers Dachau anstelle des Kragenspiegels mit gotischem K ein solches mit gotischen Ü zu tragen haben. Durchführung bis 1.4.39."

[83] V. Bl. d. Waffen-SS vom 15. Oktober 1940, Ziffer 231

[84] *SS-Befehlsblatt from March 15th 1937, number 4, paragraph 2*

[85] *One exception were the members of the KL-command and the SS-training camp Dachau. On the 25th of January 1939 the SS-Befehlsblatt (number 2) announced: "In amendment of number II, 2 K of the order of the RF-SS Az. B 23 d/18.6.37 the order is issued that the men and Führer of the commando troop of the SS-training camp Dachau have to wear a collar patch with a gothic Ü instead of one with a gothic K. To be carried out until 1.4.39."*

[86] *V. Bl. of the Waffen-SS from October 15th 1940, number 231*

Qualität des hiesigen Menschenmaterials werden auch Angehörige der Rassegruppen III und IV eingestellt."[87]

Da die Sig-Runen ausschließlich ordensfähigen deutschen oder germanischen SS-Männern vorbehalten sein sollten, erhielten Einheiten, deren Angehörige nur eingeschränkte oder keine SS-Würdigkeit[88] hatten, vom SS-Wirtschafts- und Verwaltungshauptamt, Abteilung B II, besondere Kragenspiegel ohne Sig-Runen.[89] Von den nominell über 40 Divisionen der Waffen-SS und zahlreichen selbständigen Bataillonen, Legionen, Regimentern und Brigaden sollten über die Hälfte keine Sig-Runen auf den Kragenspiegeln tragen. Bei den nachstehend aufgeführten Divisionen ist zu beachten, daß teilweise bereits vorlaufende Einheiten (Legionen) die besonderen Kragenspiegel führten. Außerdem handelte es sich oft um theoretische Anordnungen, denn viele fremdvölkische Einheiten trugen ebenfalls die Sig-Runen.

Since the Sig-runes were reserved for German or Germanic SS-men only, units which only had limited or no SS-suitability[91] at all received special collar patches from the SS-Wirtschafts- and Verwaltungshauptamt (economy and administration), department B II which did not have the Sig-runes on them[92]. More than half of the over 40 divisions of the Waffen-SS and the numerous independent battalions, legions, regiments and brigades were not supposed to wear the Sig-runes on their collar-patches. Note for the divisions listed in the following that previous legions already had the special collar-patches. Another thing was that often the decrees were only theoretical, because many foreign units wore the Sig-runes as well.

[87] Die Rassegruppen nach Sicht des Rasse- und Siedlungshauptamtes waren:
I rein nordisch
II vorherrschend nordisch oder fälisch
III nordisch oder fälisch mit leichten alpinen, dinarischen oder mittelmeerischen Zusätzen
IV Mischlinge, vorwiegend ostischen oder alpinen Ursprungs
V Mischlinge, außereuropäischer Herkunft

[88] Die SS-Würdigkeit war in drei Gruppen unterteilt:
I Ordensfähige, SS-taugliche Deutsche und Germanen, Musterungsbefund: kv-SS
II Nicht ordensfähige, nicht SS-taugliche Deutsche und Germanen, Musterungsbefund: kv-Heer
III Nichtdeutsche, Nichtgermanen, gleichgültig welcher Musterungsbefund

[89] Deutsches Rahmenpersonal, daß der SS angehörte, trug entweder die Sig-Runen auf dem Kragenspiegel oder aber Sig-Runen in Form eines kleinen Stoffabzeichens unterhalb der linken Brusttasche.

[90] *The race groups according to the race and settlement main office were:*
I. purely Nordic
II. mainly Nordic or Falian
III. Nordic or Falian with slight Alpine, Dinaric or Mediterranean additions
IV. Half-caste, mainly of Eastern or Alpine origin
V. Half-caste, non-European

[91] *The SS-suitability was divided into three groups:*
I. Order-qualified, SS-suitable Germans and Germanic people, inspection result: kv-SS
II. not order-qualified, not SS-suitable German and Germanic people, inspection result: kv-Heer (army)
III. Non-German, non-Germanic people, inspection result of no importance

[92] *German skeleton personnel which was part of the SS either wore the Sig-runes on their collar patches or on a small cloth badge below the left breast-pocket.*

4. SS-Polizei-Panzer-Grenadier-Division	Doppellitzen – *double braiding*[93]
5. SS-Panzer-Grenadier-Division „Wiking"	Wikingerschiff – *Viking ship*
7. SS-Freiwilligen-Gebirgs-Division „Prinz Eugen"	Odalrune – *Odal-rune*[94]
11. SS-Freiwilligen-Panzer-Grenadier-Division „Nordland"	Sonnen-Rad – *Sun-wheel*[95]
13. Waffen-Gebirgs-Division der SS „Handschar" (kroatische Nr. 1)	Krummschwert und Hakenkreuz *scimitar and swastika*
14. Waffen-Grenadier-Division der SS (ukrainische Nr. 1)	Galizischer Löwe/Dreizack *Galician lion/trident*
15. Waffen-Grenadier-Division der SS (lettische Nr. 1)	Lettisches Wappen – *Latvian coat of arms*[96]
18. SS-Freiwilligen-Panzergrenadier-Div. „Horst Wessel"	SA-Abzeichen – *SA-insignia*
19. Waffen-Grenadier-Division der SS (lettische Nr. 2)	Hakenkreuz – *swastika*
20. Waffen-Grenadier-Division der SS (estnische Nr. 1)	E mit Ritterhand und Schwert *E with knight hand and sword*[97]
21. Waffen-Gebirgs-Div. der SS „Skanderbeg" (alban. Nr. 1)	Helm Skanderbegs – *Skanderbeg helmet*
22. SS-Freiwilligen-Kavallerie-Division	Kornblume – *cornflower*
23. Waffen-Gebirgs-Division der SS „Kama" (kroat. Nr. 2)	Kama-Dolch – *Kama-knife*[98]
23. SS-Freiwilligen-Panzer-Grenadier-Division „Nederland" (niederländische Nr. 1)	vertikale Wolfsangel *vertical wolf-trap*
24. Waffen-Gebirgs-[Karstjäger]Division der SS	Karstdistel – *karst thistle*
25. Waffen-Grenadier-Div. der SS „Hunyadi" (ungar. Nr. 1)	H
26. Waffen-Grenadier-Div. der SS „Hungaria" (ungar. Nr. 2)	H
27. SS-Freiwilligen-Grenadier-Division „Langemarck" (flämische Nr. 1)	dreiarmiges Sonnenrad (Trifos) *three-armed sun wheel*
28. SS-Freiwilligen-Grenadier-Division „Wallonien" (wallonische Nr. 1)	gekreuzte Burgunderstäbe *crossed burgundy staffs*
29. Waffen-Grenadier-Division der SS „RONA" (russ. Nr. 1)	Andreaskreuz – *Andreas cross*
29. Waffen-Grenadier-Division der SS (ital. Nr. 1)	Liktorenbündel – *fasces*[99]
30. Waffen-Grenadier-Division der SS (russ. Nr. 2)	Orthodoxes Kreuz – *orthodox cross*
33. Waffen-Grenadier-Division der SS „Charlemagne" (französische Nr. 1)	St. Johannas Schwert mit zwei Lorbeerzweigen – *The sword of saint Johanna with two laurel twigs*

93 Himmler ordnete erst am 10. Februar 1942 die Übernahme der SS-Polizei-Division aus der Ordnungspolizei in die Waffen-SS an. SSFHA, Tgb. Nr. 604/42 vom 10. Februar 1942. / *Only on February 10th 1942, Himmler ordered the transfer of the SS-Police-Division from the order police to the Waffen-SS. SS-FHA, Tgb. no. 604/42 from February 10th 1942.*

94 V. Bl. der Waffen-SS vom 1. November 1942 / *V. Bl. of the Waffen-SS from November 1st 1942*

95 Das Sonnenrad auf den Spiegeln sollte von allen Angehörigen getragen werden. Die Angehörigen der SS trugen, wie die Männer der Division „Prinz Eugen" oder der Ordenspolizei, die gestickten Sig-Runen auf der linken Brustseite. / *The sun-wheel on the patches was to be worn by all members. The members of the SS wore, like the men of the division "Prinz Eugen" or the order police, the embroidered Sig-runes on the left breast.*

96 Das Zeichen auf dem Kragenspiegel symbolisierte die aufgehende Sonne. Die drei Sterne bedeuteten die drei lettischen Länder. Die Querstriche sollten die Landesfarben: rot – weiß – rot darstellen. / *The sign on the collar patch symbolised the rising sun. The three stars represented the three Latvian countries. The dashes were to represent the country colours: red-white-red.*

97 Offiziell sollten zunächst nur Kragenspiegel mit einem E sowie einem Schwert – ohne Ritterarm – getragen werden. / *Officially the collar patches initially were to be worn only with an E and a sword – without the knight hand.*

98 Nach den Erinnerungen eines deutschen Angehörigen des Rahmenpersonals der 23. Waffen-Gebirgs-Division der SS trugen die bosnischen Soldaten einen solchen Kragenspiegel. / *According to reminiscences of a German member of the skeleton personnel of the 23rd Waffen-Gebirgs-Division, Bosnian soldiers wore such a collar patch.*

99 V. Bl. der Waffen-SS vom 15. April 1944, Ziffer 167 – es gab aber auch Kragenspiegel, die drei sich kreuzende Pfeile und einem kleinen Kreis zeigten. / *V. Bl. of the Waffen-SS from April 15th 1944, number 167 – although here also were collar patches which showed three crossed arrows within a circle.*

34. SS-Freiwilligen-Grenadier-Division „Landstorm Nederland“ (niederländische Nr. 2)	explodierende Granate *exploding grenade*
36. Waffen-Grenadier-Division der SS	gekreuzte Gewehre mit Granate *crossed guns with grenade*[100]
Freiwilligen-Legion „Norwegen“	Wikingerschiff[101] / Reichslöwe mit Axt *Viking ship/nationality lion with hatchet*
SS-Panzer-Grenadier-Regiment „Danmark“	geschlossenes Sonnenrad *closed sun-wheel*[102]
KL-Wachen, die nicht Angehörige der Waffen-SS waren *KL guards who were not members of the Waffen-SS*	Doppelarmiges Hakenkreuz *double-armed swastika*[103]
Indische Freiwilligen-Legion	Tiger-Kopf – *tiger's head*
Britisches Freikorps	drei georgische Löwen („Leoparden“) *three Georgian lions („leopards“)*
Kaukasischer Waffen-Verband der SS	Schwert und Schild – *sword and shield*
Osttürkischer Waffen-Verband der SS	Wolfskopf – *wolf's head*

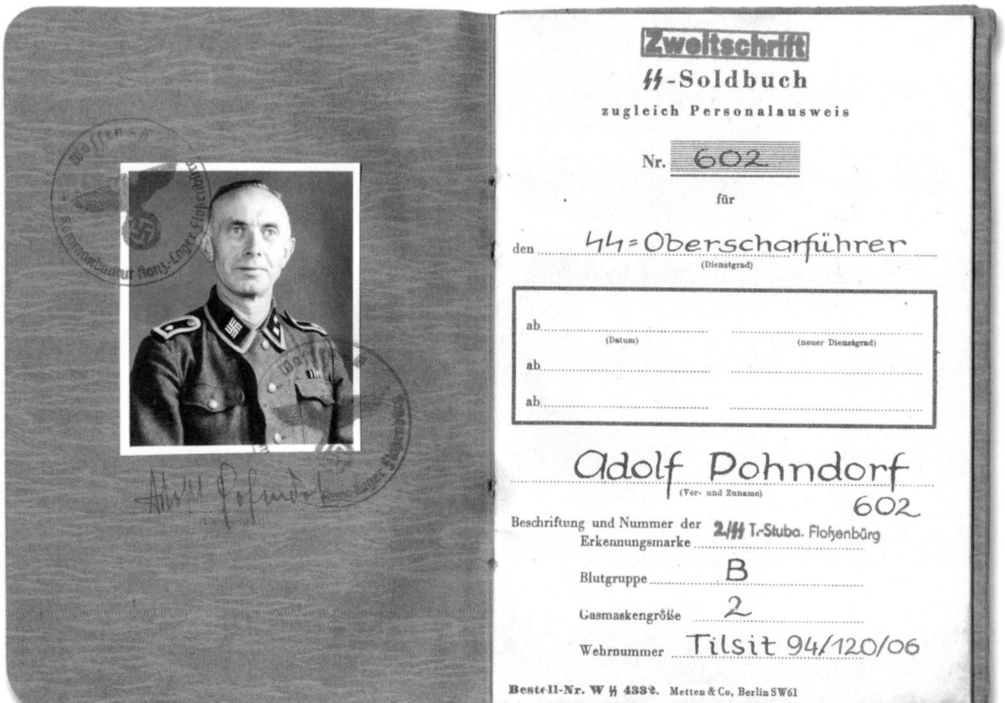
Zweitschrift
ᛋᛋ-Soldbuch
zugleich Personalausweis
Nr. 602
für
den ᛋᛋ-Oberscharführer (Dienstgrad)
ab ... (Datum) ... (neuer Dienstgrad)
ab ...
ab ...
Adolf Pohndorf (Vor- und Zuname)
Beschriftung und Nummer der Erkennungsmarke 602 2/ᛋᛋ T.-Stubo. Floßenbürg
Blutgruppe B
Gasmaskengröße 2
Wehrnummer Tilsit 94/120/06
Bestell-Nr. W ᛋᛋ 433 Metten & Co, Berlin SW61

Im Sommer 1944 wurden rund 20.000 Angehörige der Wehrmacht in die SS-Wachsturmbanne der KL versetzt, um die erwarteten 100.000–200.000 ungarischen Juden, die der Rüstungsindustrie zugeführt werden sollten, zu bewachen. Für diese neuen Wachmannschaften wurde der Kragenspiegel mit dem doppelarmigen Hakenkreuz eingeführt.

In the summer of 1944, around 20,000 members of the Wehrmacht were transferred to the SS Wach-Sturmbanne of the concentration camps in order to guard the expected 100,000 to 200,000 Hungarian Jews who were to be supplied to the armaments industry. For these new guards the collar patch with the double-armed swastika was introduced.

---

100 V. Bl. der Waffen-SS vom 1. April 1943, Ziffer 121

101 Im Aufstellungsbefehl der Freiwilligen-Legion „Norwegen“ vom 30. Juli 1941 befahl das SS-FHA, daß das Wikingerschiff beiderseitig auf den Kragenspiegeln zu tragen sei. Diese Kragenspiegel wurden zwar ausgegeben, aber von der Truppe nicht angenäht – vielmehr die ab September des Jahres auf eigene Initiative entworfenen Kragenspiegel mit dem norwegischen Reichslöwen getragen. / *In the muster order of the volunteer legion "Norway", the SS-FHA issued the order that the Viking ship was to be worn on both collar patches. These collar patches were issued but not sewn on by the men – from September that year rather the collar patches which were designed on their own initiative, with the Norwegian national lion, were worn.*

102 Im Freikorps „Danmark“ trug die Ersatz-Kompanie auch die dänische Flagge auf dem rechten Kragenspiegel. / *In the Freikorps „Danmark“, the replacement company also wore the Danish flag on their right collar patch.*

103 Am 27. Juni 1944 befahl Himmler die Kragenspiegel mit dem doppelarmigen Hakenkreuz an die Angehörigen der SS-Totenkopf-Sturmbanne der KL auszugeben, die keine SS-Angehörigen waren. SS-WVHA, Amtsgruppenchef D, A V/4 Az.: Tgb. Nr. 759/44 geh. Kdos. / *On June 27th 1944, Himmler gave the order to issue the collar patches with the double-armed swastika to the members of the Totenkopf-Sturmbanne of the concentration camps who were no real SS-members.*

Schulterklappen
Shoulder straps

Auf dem Rock wurden neben Ärmeladler und Kragenspiegeln auch Schulterklappen getragen. SS-Führer benutzten hierfür ab 1935 die in der Allgemeinen SS getragenen Achselstücke[104] – im Gegensatz zur schwarzen Uniform jedoch auf beiden Schultern. Die sonstigen Dienstgrade erhielten einfache erdgraue, später auch schwarze Klappen in den Maßen 11,5 x 4,5 cm ohne Dienstgradunterscheidung, jedoch mit einer schwarzsilbernen Paspelierung.

Anfang 1938 übernahm die bewaffnete SS die Heeres-Schulterklappen. Diese waren für sonstige Dienstgrade i.d.R. abnehmbar – also im Gegensatz zu den Achselstücken der Führer nicht angenäht. Unterführer erhielten eine Aluminiumtresse[105] und ab SS-Oberscharführer 12 mm große Aluminiumsterne. Führer bis einschließlich SS-Oberführer hatten 20 mm große Bronzesterne auf den Tressen, die Generale der Waffen-SS benutzten 26 mm große versilberte Sterne.

Die Schulterstücke unterschieden sich zur Wehrmacht nur durch die Verwendung schwarzen Tuchstoffes bei den sonstigen Dienstgraden bzw. einer schwarzen Unterlage bei Rängen bis SS-Oberführer. Ab SS-Brigadeführer lagen die Schulterstücke auf einer silbergrauen Unterlage. Als Ende 1939 zudem die Waffenfarben des Heeres übernommen wurden, erhielten die Schulterklappen noch eine diesbezügliche Paspelierung.

Da viele SS-Angehörige – schon alleine aufgrund der Beschaffungsschwierigkeiten – keine neuen Schulterstücke mit der Waffenfarbe trugen, sah sich der Reichsführer-SS genötigt, im Dezember 1940 ausdrücklich anzuordnen, daß alle Angehörigen der Waffen-SS bis zum 1. Januar 1941 die mit den Waffenfarben ihrer Einheiten versehenen Schulterklappen anzulegen hätten.[106]

Apart from sleeve-eagle and collar patches, shoulder straps were worn on the tunic. From 1935, SS-Führer used the shoulder straps worn by the Allgemeine SS[107], but in difference to the black uniform they were worn on both shoulders. The other ranks received simple earth grey, and later also black straps of 11,5 x 4,5 centimetres without rank distinction but with black/silver piping.

In the beginning of 1938, the armed SS took over the shoulder straps of the army. As a rule those were removable for other ranks – that means, they were not sewn fast like the ones of the Führer. Unterführer received an aluminium stripe[108] and ranks from Oberscharführer 12 mm aluminium stars, Führer including SS-Oberführer had 20 mm bronze stars on the stripes, the generals of the Waffen-SS used 26 mm silver plated stars.

The shoulder straps differed to the ones of the Wehrmacht only in the use of black fabric for other ranks, respectively black ground for ranks up to SS-Oberführer. From SS-Brigadeführer upwards, the shoulder straps had a silver grey ground. Since the colour of arms of the army were additionally taken over, the shoulder straps received piping accordingly.

Since many SS members did not wear the new shoulder straps with the colour of arms – if only because it was so difficult to obtain them – the Reichsführer-SS felt compelled to issue an explicit order in December 1940 that all members of the Waffen-SS had to put on the shoulder straps with the colour of arms of their respective units until January 1st 1941[109].

---

[104] Die Allgemeine SS hatte nur auf der rechten Schulter ein Achselstück getragen. Dieses bestand für einen SS-Mann bis zum Rang eines SS-Hauptscharführers aus vier nebeneinanderliegenden Schnüren in der schwarz/silbernen Farbe der Kragen- und Kragenspiegelpaspelierung. SS-Untersturm- bis SS-Hauptsturmführer trugen ein Achselstück aus vier nebeneinanderliegenden Silberschnüren. SS-Sturmbann- bis SS-Standartenführer hatten ein aus silberfarbenen Schnüren geflochtenes Achselstück. SS-Brigade- bis SS-Obergruppenführer trugen ein geflochtenes Achselstück in Gold.

[105] Eine Aluminiumtresse kennzeichnete Unterführer auch am Kragen der Feldblusen aus.

[106] V. Bl. d. Waffen-SS vom 15. Dezember 1940, Ziffer 439

[107] *The Allgemeine SS wore a shoulder strap only on the right shoulder. This consisted on four parallel braids of the black/slilver colouring of the collar and collar patch piping for an SS-man up to the rank of an SS-Hauptscharführer. Untersturm- to Hauptsturmführer wore a shoulder strap of four parallel silver braids. SS-Sturmbann- until SS-Standartenführer had a shoulder strap of braided silver cords. SS-Brigade- until SS-Obergruppenführer had a braided shoulder strap in gold.*

[108] *Unterführer were also identified by an aluminium stripe on their battle-dress collars.*

[109] *V. Bl. of the Waffen-SS from December 15th 1940, number 439*

Ärmelstreifen
Cuff titles

Die ersten Ärmelstreifen wurden von der Allgemeinen SS getragen. Die Politischen Bereitschaften – Vorläufer der SS-Verfügungstruppe – übernahmen diese am linken Unterärmel getragenen Abzeichen als Sturmbannstreifen. Sie waren seinerzeit etwa 33 mm breit und aus schwarzem Samt oder Webstoff gefertigt und hatten oben und unten farbige Vorstöße, die den Sturmbann (Bataillon) bezeichneten:

I. Sturmbann = Grün
II. Sturmbann = Dunkelblau
III. Sturmbann = Rot

Die ebenfalls in der Farbe gehaltenen arabischen Zahlen 1–12 wiesen auf die Sturmnummer hin. Eine Ausnahme bildete die Leibstandarte SS „Adolf Hitler", die auf ihrem Ärmelstreifen die Aufschrift „Adolf Hitler" trug. Es folgten Ärmelstreifen für die drei SS-Standarten „Deutschland", „Germania" und „Der Führer". Die Sondereinheiten erhielten ebenfalls ihre Bezeichnung auf den Ärmelstreifen, so z.B. „SS-Pionier-Sturmbann", „SS-Nachrichten-Sturmbann" oder „SS-Junkerschule Braunschweig". Die farbigen Vorstöße fielen nun weg und wurden durch silbergraue ersetzt. Gleiches galt für die Schrift.

Zunächst für alle SS-Angehörigen mit Aluminiumfaden handgestickt, wurde dies 1936 ein Privileg der Führer. Die Maße lagen nun bei etwa 28 mm Breite und 49 cm Länge. Die Bänder waren 15 cm über dem Ärmelende, bei Führern einen Zentimeter über dem Ärmelaufschlag am linken Ärmel so anzunähen, daß der Faden nicht ganz durch den Stoff gezogen wurde.

Es gab verschiedene Fertigungsformen: bis Juni 1942 handgestickter und dann ausschließlich maschinengewobener Aluminiumfaden für Führer, maschinengestickter silbergrauer Faden für sonstige Dienstgrade (sog. RZM-Ausführung) sowie maschinengewebter Kunstseidefaden, der ab 1943 für alle Dienstgrade gleich war (sog. Bevo-Ausführung: „**B**andfabrik **E**wald **Vo**rsteher", Wuppertal). Diese letzte Ausführung zeigte auf der Rückseite schwarz-weißes Pepita-Muster (Salz-Pfeffer-Muster).

In der Waffen-SS trugen neben den Divisionen auch Bataillone – vor allem Legionen –, Regimenter und Brigaden Ärmelstreifen. Bei den nachstehend aufgeführten Verbänden ist zu beachten, daß teilweise bereits vorlaufende Einheiten (Legionen) die Ärmelstreifen führten.

The first cuff titles were worn by the Allgemeine SS. The political squads – forerunners of the SS-Verfügungstruppe – took over these insignia which were worn on the left cuff, as Sturmbann-stripes. At that time they were about 33 mm wide, were made of black velvet or woven fabric and had coloured piping which signified the Sturmbann (battalion):

I. Sturmbann = Green
II. Sturmbann = Dark blue
III. Sturmbann = Red

The equally coloured Arabic numerals 1–12 showed the Sturm number. One exception was the Leibstandarte SS "Adolf Hitler" which had the inscription "Adolf Hitler" on their cuff titles. Cuff titles for the three SS-Standards "Deutschland", "Germania" and "Der Führer" followed. The special units also received their denotation on their cuff titles, for example "SS-Pionier-Sturmbann", "SS-Nachrichten-Sturmbann" or "SS-Junkerschule Braunschweig". The coloured piping was abandoned and was replaced by a silver-grey one. The same applied to the writing.

The cuff titles were initially hand-embroidered for all SS-members but in 1936 this became a privilege of the Führer. The measurements now were 28 mm breadth and 49 cm length. The stripes were to be attached 15 centimetres above the end of the sleeves, for Führer 1 cm above the cuff turn-ups. They had to be sewn on in a way that the thread did not completely penetrate the material.

*There were different variations in make: until June 1942 hand-embroidered, later machine-embroidered aluminium thread for Führer, machine-embroidered silver grey thread for the other ranks (so-called RZM-make) as well as machine woven synthetic silk thread which was the same for all ranks from 1943 (so-called Bevo-make: "**B**andfabrik **E**wald **Vo**rsteher", Wuppertal). This last model had black-white pepita pattern on the back (salt and pepper).*

Apart from the divisions, also battalions – above all legions –, regiments and brigades wore cuff titles. With the following units it is to be noted that partly also previous units (legions) had worn the cuff titles already.

Division	Ärmelstreifen
1. SS-Panzer-Division „LSSAH“	Adolf Hitler
2. SS-Panzer-Division „Das Reich“	Das Reich
3. SS-Panzer-Division „Totenkopf“	Totenkopf
4. SS-Polizei-Grenadier-Division	SS-Polizei-Division[110]
5. SS-Panzer-Division „Wiking“	Wiking
7. SS-Freiwilligen-Gebirgs-Division „Prinz Eugen“	Prinz Eugen
8. SS-Kavallerie-Division „Florian Geyer“	Florian Geyer
9. SS-Panzer-Division „Hohenstaufen“	Hohenstaufen
10. SS-Panzer-Division „Frundsberg“	Frundsberg
11. SS-Freiwilligen-Panzer-Grenadier-Division „Nordland“	Nordland
12. SS-Panzer-Division „Hitlerjugend“	Hitlerjugend
16. SS-Panzer-Grenadier-Division „Reichsführer-SS“	Reichsführer-SS
17. SS-Panzer-Grenadier-Division „Götz von Berlichingen“	Götz von Berlichingen
18. SS-Freiwilligen-Panzer-Grenadier-Division „Horst Wessel“	Horst Wessel
21. Waffen-Gebirgs-Division der SS „Skanderbeg“ (albanische Nr. 1)	Skanderbeg
23. SS-Freiwilligen-Panzer-Grenadier-Division „Nederland“ (niederl. Nr. 1)	Nederland
27. SS-Freiwilligen-Grenadier-Division „Langemarck“ (flämische Nr. 1)	Langemarck
28. SS-Freiwilligen-Grenadier-Division „Wallonien“ (wallonische Nr. 1)	Wallonien
33. Waffen-Grenadier-Division der SS „Charlemagne“ (französische Nr. 1)	Charlemagne
34. SS-Freiwilligen-Grenadier-Division „Landstorm Nederland“ (niederl. Nr. 2)	Landstorm Nederland

Einheiten, die nicht den Namen der Division trugen	Ärmelstreifen
SS-Panzer-Grenadier-Regiment 3 „Deutschland“	Deutschland
SS-Panzer-Grenadier-Regiment 4 „Der Führer“	Der Führer[111]
SS-Panzer-Grenadier-Regiment 6 „Theodor Eicke“	Theodor Eicke
SS-Panzer-Grenadier-Regiment 9 „Germania“	Germania[112]
SS-Panzer-Grenadier-Regiment 10 „Westland“	Westland
SS-Gebirgsjäger-Regiment 11 „Reinhard Heydrich“	Reinhard Heydrich
SS-Gebirgsjäger-Regiment 12 „Michael Gaißmair“	Michael Gaißmair
SS-Panzer-Grenadier-Regiment 23 „Norge“	Norge
SS-Panzer-Grenadier-Regiment 24 „Danmark“	Danmark
SS-Panzer-Abteilung 11 „Hermann von Salza“	Hermann von Salza
SS-Panzer-Grenadier-Regiment 48 „General Seyffardt“	General Seyffardt

[110] V. Bl. der Waffen-SS vom 1. Dezember 1942, Ziffer 433 / *V. Bl. of the Waffen-SS from December 1st 1942, number 433*

[111] Hitler verlieh der Standarte SS 3 am 25. Dezember 1938 die Berechtigung, künftig die Bezeichnung: SS-Standarte „Der Führer“ zu führen. Der Name war auf der Standarte und als Ärmelstreifen am Dienstanzug zu führen. SS-Befehlsblatt vom 25. Dezember 1938, Ziffer 1
On the 25th of December 1938, Hitler permitted the standard SS 3 in future to bear the title: SS-Standarte "Der Führer". The name was to be worn on the standard and as a sleeve stripe on the service dress. SS-Befehlsblatt from December 25th 1938, number 1

[112] Hitler verlieh der Standarte SS 2 am 25. Oktober 1936 die Berechtigung, künftig die Bezeichnung: SS-Standarte „Germania“ zu führen. Der Name war auf der Standarte und als Ärmelstreifen am Dienstanzug zu führen. SS-Befehlsblatt vom 25. Oktober 1936, Ziffer 1
On the 25th of October 1936, Hitler permitted the standard SS 2 in future to bear the title: SS-Standarte "Germania". The name was to be worn on the standard and as a sleeve stripe on the service dress. SS-Befehlsblatt from October 25th 1936, number 1

Einheiten, die nicht den Namen der Division trugen	Ärmelstreifen
SS-Panzer-Grenadier-Regiment 49 „De Ruiter“	De Ruiter
Freiwilligen-Legion „Flandern“	Freiwilligen-Legion Flandern
Freiwilligen-Legion „Niederlande“	Freiwilligen-Legion Niederlande
Freiwilligen-Legion „Norwegen“	Freiwilligen-Legion Norwegen
Freikorps „Danmark“	Freikorps Danmark
Finnisches Freiwilligen-Battaillon der Waffen-SS	Finnisches Bataillon der Waffen-SS
SS-Freiwilligen-Standarte „Nordwest“	Nordwest
schnelles SS-Schützen-Regiment „Thule“	Thule
Osttürkischer Waffen-Verband der SS	Osttürkischer Waffen-Verband der SS
SS-Kriegsberichter-Standarte „Kurt Eggers“	SS-KB
SS-Feldgendarmerie	SS-Feldgendarmerie[113]
SS-Schule Tölz	SS-Schule Tölz
SS-Schule Braunschweig	SS-Schule Braunschweig
Reichsschule-SS Oberehnheim	Reichsschule-SS[114]

Landesschilde / *National shields*

Das Verordnungsblatt der Waffen-SS gab am 15. April 1944 bekannt, daß „die Freiwilligen- und Waffenverbände der SS in Würdigung der Leistung ihres Volkes, die Farben ihrer Nation in Form eines sog. Landesschildes verliehen erhielten“.

Der Landesschild sollte auf dem linken Ärmel einen Finger breit unter dem Adler getragen werden. Dieser war vorher drei Finger breit höher als normal zu befestigen. Sturmmann- und Rottenführerwinkel waren einen halben Finger breit unter dem Landesschild anzubringen.[115]

Am 1. Februar 1945 veröffentlichte das SS- Hauptamt, Amtsgruppe B, für den Dienstgebrauch eine Europakarte, auf der die Landesschilde mit den völkischen Sinnbildern und die Kragenspiegel mit den politischen Zeichen der fremdvölkischen Einheiten der Waffen-SS verzeichnet waren. Die Karte zeigt jedoch zahlreiche Fehler. U.a. gab es für Schweizer Freiwillige kein Ärmelwappen, Kaminskis „RONA“ bestand zu diesem Zeitpunkt überhaupt nicht mehr, und die Überstellung zahlreicher ostvölkischer Volksgruppen in die Waffen-SS war de facto nicht abgeschlossen, so daß die Soldaten noch gar keine Uniformen der Waffen-SS trugen. Die Karte stellt daher mehr ein Wunschdenken denn Realitätsnähe dar.

The Verordnungsblatt of the Waffen-SS announced on the 15th of April 1944 that "the volunteer-units of the SS in honour of the achievements of their country were awarded the colours of their nations in form of a so-called national shield."[116]

The national shield was to be worn on the left sleeve a finger's breadth below the eagle. The eagle was to be fastened three fingers higher than usual for this reason. Sturmmann and Rottenführer chevrons were to be attached half a finger's breadth below the national shield.

On the 1st of February 1945 the SS-Hauptamt, Amtsgruppe B, published a map of Europe for service use on which the arm shields were inscribed together with the national symbols and the collar patches with the political signs of the foreign units of the Waffen-SS. This map, however, had numerous mistakes. Amongst others, the Swiss volunteers did not have a sleeve-crest, Kaminski's "RONA" did not exist anymore at that time and the transfer of numerous eastern ethnic groups to the Waffen-SS had in fact not been completed yet, so the soldiers had not worn the Waffen-SS uniform at that time.

---

113 V. Bl. der Waffen-SS vom 1. August 1942, Ziffer 246 – anstatt des SS-Adlers trugen die Angehörigen auch das Hoheitszeichen der Ordnungspolizei. / *V. Bl. of the Waffen-SS from August 1st 1942, number 246 – instead of the SS-eagle, the members could also be seen to wear the national insignia of the order police.*

114 V. Bl. der Waffen-SS vom 1. März 1944, Ziffer 117 / *V. Bl. of the Waffen-SS from March 1st 1944, number 117*

115 V. Bl. der Waffen-SS vom 15. April 1944, Ziffer 164

116 *V. Bl. of the Waffen-SS from April 15th 1944, number 164*

Einheiten / Units	Landesschilde / National shields
13. Waffen-Gebirgs-Division der SS „Handschar“	rot-weiß geschachteltes Wappen *red-and-white chequered crest*
14. Waffen-Grenadier-Division of the SS (ukrainische Nr. 1)	Galizischer Löwe mit drei theresinischen Kronen *Galician lion with three Theresian crowns*[117]
15./19. Waffen-Grenadier-Division der SS (lettische Nr. 1 und 2)	rot-weiß, teilweise mit Schriftzug „Latvija“ *red-and-white, partly with inscription "Latvija"*
20. Waffen-Grenadier-Division der SS (estn. Nr.1)	schwarz-blau-weiß / *black-blue-white*
21. Waffen-Gebirgs-Division der SS „Skanderbeg“ (albanische Nr. 1)	schwarzer Doppelkopfadler auf rotem Grund *black two-headed eagle on red ground*
22. SS-Freiwilligen-Kavallerie-Division	grün-weiß-rot mit aufgelegter schwarzer Kornblume *green-white-red with black cornflower*
23. SS-Freiwilligen-Panzergrenadier-Division „Nederland“ (niederländische Nr. 1)	blau-weiß-rot *blue-white-red*
25./26. Waffen-Grenadier-Division der SS (ungarische Nr. 1 und 2)	grün-weiß-rot, teilweise mit einem aufgelegten Raben oder einem großen H *green-white-red, partly with raven or capital H*
27. SS-Freiwilligen-Grenadier-Division „Langemarck“ (flämische Nr. 1)	flämischer Löwe auf gelben Grund *Flemish lion on yellow ground*
28. SS-Freiwilligen-Grenadier-Division „Wallonien“ (wallonische Nr. 1)	schwarz-gelb-rot *black-yellow-red*
29. Waffen-Grenadier-Division der SS „RONA“ (russische Nr. 1)	schwarzes Kreuz auf weißen Grund, rot umrandet mit Schriftzug: POHA / *black cross on white ground with red border, inscription POHA*
29. Waffen-Grenadier-Division der SS (italienische Nr. 1)	grün-weiß-rot *green-white-red*
30. Waffen-Grenadier-Division der SS (russische Nr. 2)	rot-weiß *red-and-white*
33. Waffen-Grenadier-Division der SS „Charlemagne“ (französische Nr. 1)	blau-weiß-rot *blue-white-red*
Finnisches Freiwilligen-Bataillon der Waffen-SS	finnischer Wappenlöwe (schwarz-weiß oder rot-gelb) / *Finnish national lion (black-and-white or red-and-yellow)*
Freiwilligen-Legion „Norwegen“	Norwegische Flagge 50 x 35 mm *Norwegian flag 50 x 35 mm*
Freikorps „Danmark“	dänische Farben / *Danish colours*
Britisches Freikorps	englische Farben, sog. „Union Jack“ / *British colours*

Oberarm-Dienstgradabzeichen
Upper arm rank insignia

Bevor die Waffen-SS im Februar 1943 die bereits seit einem halben Jahr in der Wehrmacht verwendeten Oberarm-Dienstgradabzeichen übernahm[118], benutzte sie die, im Juni 1932 von der

Before the Waffen-SS took over the upper-arm rank insignia – already in use for half a year in the Wehrmacht – in February 1943[119]*, the small stripes for rank identification that had been introduced by the Reichs-*

[117] Als die Division im Frühjahr 1945 in 1. Division der Ukrainischen Nationalarmee umbenannt wurde, erhielten die Soldaten teilweise neben neuen Kragenspiegeln mit Dreizack auch neue Ärmelwappen mit Dreizack und dem Schriftzug „YBB“. *When the division was renamed to 1st division of the Ukrainian National Army in the spring of 1945, the soldiers, apart from the new collar patches with the trident, partly also received new sleeve insignia with trident and the inscription "YBB".*

[118] V. Bl. d. Waffen-SS vom 15. Februar 1943, Ziffer 63

[119] *V. Bl. of the Waffen-SS from February 15th 1943, number 63*

Reichswehr eingeführten, kleinen Bandstreifen zur Kennzeichnung der Dienstgradgruppen. Die Waffen-SS verwendete die etwa 10 cm langen Aluminiumborten auf den Tarn- bzw. Drillichjacken: ein Streifen für Unterführer, zwei Streifen für Führer und drei Streifen für Stabsführer. SS-Oberschützen, SS-Sturmmänner und SS-Rottenführer behielten ihre bisherigen Dienstgradabzeichen am linken Oberarm bei.

Die 1943 eingeführten Dienstgradabzeichen sollten an allen Uniformen am linken Oberarm getragen werden, die keine Schulterklappen hatten, z.B. Parkas, Kombinationen, Drillichjacken (schilfgrün oder getarnt), Tarnjacken, Tropenhemd oder auch Trainingsanzug. Tatsächlich gab es aber keine einheitliche Nutzung, so trugen SS-Angehörige statt dessen oftmals z.B. Schulterklappen auf ihren getarnten Drillichjacken.

Die Oberarm-Dienstgradabzeichen waren neun Zentimeter breit und bestanden zunächst aus einer ein Zentimeter breiten hellgrünen bzw. für Generale der Waffen-SS goldgelben Zellophan-Litze. Die Eichenblätter wurden gleichzeitig mit hellgrünem bzw. goldgelbem Kunstfaden auf schwarzem Abzeichentuch gestickt. Zum Kriegsende hin wurden die Dienstgradabzeichen einfach auf Kunstseide gedruckt.

wehr in June 1932 had generally been in use. The Waffen-SS used the about 10 centimetre long aluminium stripes on camouflage respectively fatigue smocks: One stripe for Unterführer, two stripes for Führer and three stripes for Stabsführer. SS-Oberschützen, SS-Sturmmänner and SS-Rottenführer kept their rank insignia on the left upper arm.

The rank insignia introduced 1943 were supposed to be worn on the left upper arm with all uniforms that did not have any shoulder straps, like parkas, combinations, fatigue jackets (green or camouflaged), camouflage smocks, tropical shirt or training suit. Indeed there was no standard form of use and so the members of the SS wore for example also shoulder straps on their camouflaged fatigue jackets.

The upper arm rank insignia were nine centimetres wide. The stripes initially consisted of a one centimetre wide light green cellophane braid, golden yellow for generals of the Waffen-SS. The oakleaves were embroidered with light green or golden yellow thread on black fabric. Towards the end of the war all insignia were simply printed on synthetic silk.

SS-Oberschütze[120]	1 Stern – *1 star*
SS-Sturmmann	1 Winkel – *1 chevron*
SS-Rottenführer	2 Winkel – *2 chevron*
SS-Unterscharführer	1 Streifen – *1 stripe*
SS-Scharführer	2 Streifen – *2 stripes*
SS-Oberscharführer	3 Streifen – *3 stripes*
SS-Hauptscharführer	4 Streifen – *4 stripes*
SS-Sturmscharführer	5 Streifen – *5 stripes*
SS-Untersturmführer	1 Streifen / 1 Eichenlaub – *1 stripe/1 oak leaf*
SS-Obersturmführer	2 Streifen / 1 Eichenlaub – *2 stripes/1 oak leaf*
SS-Hauptsturmführer	3 Streifen / 1 Eichenlaub – *3 stripes/1 oak leaf*
SS-Sturmbannführer	1 Streifen / 2 Eichenlaub – *1 stripe/2 oak leaves*
SS-Obersturmbannführer	2 Streifen / 2 Eichenlaub – *2 stripes/2 oak leaves*
SS-Standartenführer	3 Streifen / 2 Eichenlaub – *3 stripes/2 oak leaves*
SS-Oberführer	4 Streifen / 2 Eichenlaub – *4 stripes/2 oak leaves*
SS-Brigadeführer	1 Streifen / 1 Eichenlaub (goldgelb)
SS-Gruppenführer	2 Streifen / 1 Eichenlaub (goldgelb)
SS-Obergruppenführer	3 Streifen / 1 Eichenlaub (goldgelb)
SS-Oberst-Gruppenführer	1 etwa 2,3 cm breiter Streifen mit drei auf der Spitze stehenden gestickten Sternen / 1 Eichenlaub (goldgelb)

[120] SS-Oberschützen, SS-Sturmmänner und SS-Rottenführer trugen ihre gewöhnlichen Dienstgradabzeichen auf dem linken Oberarm. / *SS-Oberschützen, SS-Sturmmänner and SS-Rottenführer wore their regular rank insignia on the left upper arm.*

Abzeichen

Dieser SS-Unterscharführer trägt an seiner Mütze noch das 1. Modell des Mützen-Totenkopfes.
This SS-Unterscharführer still has the 1. model of the death's head on his cap.

Männer des Führerschutzkommandos. Man beachte das 1. Modell des Hoheitsadlers auf der Feldbluse 1935.
Men of the Führer-safeguard squad. Notice the 1st model of the imperial eagle on the 1935 pattern battle dress.

SS-Brigadeführer und General der Waffen-SS Fegelein trägt einen Hoheitsadler der Wehrmacht auf seiner Dienstmütze.
SS-Brigadeführer and Major-General of the Waffen-SS Fegelein has the Wehrmacht eagle on his service cap.

Dieser SS-Scharführer trägt den Hoheitsadler auf der rechten Brustseite – so wie die Angehörigen der Wehrmacht.
This SS-Scharführer is wearing the imperial eagle on the right chest, like members of the Wehrmacht.

In der Mitte dieser Wachmänner des Konzentrationslagers Buchenwald trägt ein Angehöriger einen Stahlhelm mit Wehrmachtemblem. Man beachte die unterschiedlichen Farben der Uniformen.
The SS-man in the middle of these concentration-camp guards (Buchenwald) is wearing a helmet with Wehrmacht insignia. Notice the different colours of the uniforms.

Kurioserweise hat dieser Panzersoldat des Heeres einen Hoheitsadler der Waffen-SS auf seiner Feldmütze.
Notice the Waffen-SS eagle on the forage cap of this army tank-soldier.

Diese Kragenspiegel zeigen auf beiden Seiten die Sig-Runen.
These collar patches show the Sig-runes on both sides.

SS-Obersturmbannführer Petersen trägt besondere Kragenspiegel, die auf beiden Seiten die Odal-Rune der 7. SS-Freiwilligen-Gebirgs-Division „Prinz Eugen“ zeigen. Neben ihm SS-Obergruppenführer und General der Waffen-SS Phleps.
SS-Obersturmbannführer Petersen is wearing special collar patches which show the Odal-Rune of the 7th SS-Freiwilligen-Gebirgs-Division "Prinz Eugen"on both sides. At his side SS-Obergruppenführer and General of the Waffen-SS Phleps.

Hier die normale Ausführung der Kragenspiegel für Führer der 7. SS-Freiwilligen-Gebirgs-Division „Prinz Eugen“.
This was the usual style of the collar patches for officers of the 7th SS-Freiwilligen-Gebirgs-Division "Prinz Eugen".

Drei Ausführungen der Kragenspiegel für Angehörige der SS-Totenkopf-Verbände. Man beachte bei allen drei Soldaten die Ehrennadel der SS-Heimwehr Danzig auf der linken Brusttasche.
Three styles of collar patches for members of the SS-Totenkopf-Verbände. Notice the honour pin of the SS-Heimwehr Danzig on the left chest-pocket.

Kragenspiegel volksdeutscher Angehöriger der sog. Einsatz-Staffel in Kroatien.
Collar patch of SS-men of the German ethnic group in Croatia.

Angehörige der SS-Polizei-Division trugen anfänglich Kragenspiegel und Schulterklappen des Heeres.
In the beginning, members of the SS-Polizei-Division were wearing collar patches and shoulder tabs of the army.

Ein SS-Oberscharführer, der als ehemaliger Angehöriger der Wehrmacht das doppelarmige Hakenkreuz auf dem rechten Kragenspiegel trägt.
This SS-Oberscharführer (concentration camp guard) has the doublearmed swastika on the collar patch.

Dieser niederländische SS-Freiwillige trägt die Wolfsangel auf seinem Kragenspiegel.
This Dutch SS-volunteer has the wolf-trap on his collar patch.

Kragenspiegel

Gestickte Runen für Unterführer und Männer (Kunstseide)

Gewebte Runen (Kunstseide) für Unterführer und Männer

Gewebte Runen (dünner Metallfaden) (sog. flat wire)

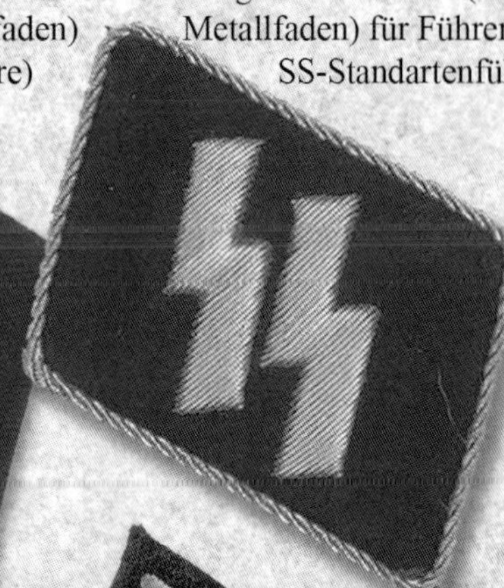

Handgestickte Runen (dicker Metallfaden) für Führer bis SS-Standartenführer

7. SS-Freiwilligen-Gebirgs-Division „Prinz Eugen“

11. SS-Freiwilligen-Panzergrenadier-Division „Nordland“

13. Waffen-Gebirgs-Division der SS „Handschar“

14. Waffen-Grenadier-Division der SS

15. Waffen-Grenadier-Division der SS

19. Waffen-Grenadier-Division der SS

20. Waffen-Grenadier-Division der SS

21. Waffen-Gebirgs-Division der SS „Skanderbeg“

24. Waffen-Gebirgs-[Karstjäger] Division der SS

25. Waffen-Grenadier-Division der SS „Hunyadi“

29. Waffen-Grenadier-Division der SS „RONA“

30. Waffen-Grenadier-Division der SS

Ärmelstreifen

Der wohl bekannteste Ärmelstreifen der Waffen-SS war der mit dem Namenszug „Adolf Hitler“, der zunächst von der Leibstandarte und später von der 1. SS-Panzer-Division „LAH“ getragen wurde.

In der 2. SS-Panzer-Division „Das Reich“ wurden neben dem Ärmelstreifen mit dem Divisionsnamen „Das Reich“ auch Ärmelstreifen mit der Bezeichnung „Deutschland“ im SS-Panzergrenadier-Regiment 3 (Abb. gestickt für sonstige Dienstgrade) sowie „Der Führer“ im SS-Panzergrenadier-Regiment 4 (Abb. handgestickt für Führer) getragen.

Die 3. SS-Panzer-Division „Totenkopf“ wurde ursprünglich vor allem aus Angehörigen der SS-Totenkopf-Verbände formiert. Neben dem Ärmelstreifen „Totenkopf“ (Abb. in gewebter Ausführung) trugen die Angehörigen des SS-Panzergrenadier-Regiments 6 den Namen des am 26. Februar 1943 gefallenen Divisionskommandeurs Theodor Eicke (Abb. gewebte Ausführung).

Obwohl zunächst als Polizei-Division im Rahmen des Heeres stehend, erhielt der Verband im Sommer 1940 bereits die Bezeichnung „SS-Polizei-Division“. Am 10.2.1942 folgte dann die offizielle Übernahme in die Waffen-SS.

Im Rahmen der 5. SS-Panzer-Division „Wiking“ wurden drei Ärmelstreifen getragen: neben dem obligatorischen „Wiking“ (hier gewebt für sonstige Dienstgrade) trug das SS-Panzergrenadier-Regiment 9 den Namen „Germania“ (Abb. handgestickt für Führer) und das SS-Panzergrenadier-Regiment 10 die Bezeichnung „Westland“ (Abb. gewebt für sonstige Dienstgrade).

Die 6. SS-Gebirgs-Division „Nord“ verfügte interessanterweise über keinen Ärmelstreifen mit dem Divisionsnamen, da man Verwechslungen mit dem SS-Oberabschnitt „Nord“ der Allgemeinen SS vermeiden wollte. Im April 1942 verlieh Hitler dann dem SS-Gebirgsjäger-Regiment 6 den Namen des am 28.5.42 nach einem Attentat verstorbenen SS-Obergruppenführers Reinhard Heydrich und am 20.6.44 dem SS-Gebirgsjäger-Regiment 12 den Namen des Bauernführers „Michael Gaißmair“.

Die 7. SS-Freiwilligen-Gebirgs-Division trug nur den Ärmelstreifen „Prinz Eugen“. Als der erste Divisionskommandeur im September 1944 fiel, erhielt das SS-Freiwilligen-Gebirgsjäger-Regiment 13 den Namen Artur Phleps, ohne daß noch Ärmelstreifen hergestellt wurden.

Nachdem Hitler der 8. SS-Kavallerie-Division am 12. März 1944 den Namen „Florian Geyer“ verliehen hatte, folgte die Ausgabe der entsprechenden Ärmelstreifen, die die vereinzelt getragenen Bänder mit „SS-Kavallerie-Division“ ablösten.

Die spätere 9. SS-Panzer-Division „Hohenstaufen“ wurde Anfang 1943 als Panzergrenadier-Division aufgestellt. Es wurde von allen Einheiten des Verbandes der Ärmelstreifen „Hohenstaufen“ getragen.

Am 19.12.42 befahl Hitler die Aufstellung einer SS-Panzer-Grenadier-Division, die zunächst den Namen „Karl der Große“ erhielt. Am 26.10.43 folgte die Umbezeichnung in 10. SS-Panzer-Division „Frundsberg“.

In der 11. SS-Freiwilligen-Panzergrenadier-Division „Nordland“ dienten vor allem Volksdeutsche aus Rumänien – nur etwa 10 % waren Freiwillige aus Dänemark und Norwegen. Neben dem Ärmelstreifen „Nordland“ wurden im SS-Freiwilligen-Panzer-Grenadier-Regiment 23 Streifen mit der Bezeichnung „Norge“ (Norwegen) und im SS-Panzergrenadier-Regiment 24 Streifen mit der Bezeichnung „Danmark“ (Dänemark) getragen. Angehörige der SS-Panzer-Abteilung 11 erhielten Ärmelstreifen mit dem Namen „Hermann von Salza“.

Ursprünglich für Freiwillige der SA gedacht, wurden vor allem Volksdeutsche aus Ungarn in die 18. SS-Freiwilligen-Panzergrenadier-Division eingezogen, die am 30. Januar 1944 den Namen „Horst Wessel“ erhielt.

In Zusammenarbeit mit der albanischen Regierung wurde 1944 die 21. Waffen-Gebirgs-Division der SS „Skanderbeg“ (albanische Nr. 1) aufgestellt. Dieser Ärmelstreifen ist mit einem dünnen Metallfaden gewebt (sog. flat-wire).

Aus der Freiwilligen-Legion „Niederlande“, die einen gleichlautenden Ärmelstreifen trug, entstand im Sommer 1943 zunächst die 4. SS-Freiwilligen-Panzergrenadier-Brigade „Nederland“, die im Februar 1945 noch zur nominellen 23. SS-Freiwilligen-Panzergrenadier-Division „Nederland“ (niederländische Nr. 1) aufgestockt werden sollte. Bereits am 30. November 1943 hatte das SS-Freiwilligen-Panzergrenadier-Regiment 48 den Namen „General Seyffardt“ und das SS-Freiwilligen-Panzergrenadier-Regiment 49 den Namen „De Ruiter“ erhalten.

Im Sommer 1943 begann aus meist 17jährigen Angehörigen der Hitler-Jugend, die noch nicht ihre Arbeitsdienstpflicht angetreten hatten, die Aufstellung einer SS-Panzergrenadier-Division, die später in 12. SS-Panzer-Division „Hitlerjugend" umbenannt wurde.

Aus dem früheren Begleit-Bataillon „Reichsführer-SS" entstand zunächst die SS-Sturmbrigade „RF-SS" und schließlich im Herbst 1943 die 16. SS-Panzergrenadier-Division mit dem gleichen Namen. Der Ärmelstreifen wurde erst relativ spät eingeführt.

Im Herbst 1943 begann die Aufstellung der 17. SS-Panzergrenadier-Division, der Hitler im April 1944 den Namen „Götz von Berlichingen" verlieh.

Etwa 12.000 Belgier, aufgeteilt auf die beiden Nationalitäten (niederländisch sprechende Flamen und französisch sprechende Wallonen), dienten in der Waffen-SS. Aus der Freiwilligen-Legion „Flandern" entstand schließlich die 27. SS-Freiwilligen-Grenadier-Division „Langemarck" (flämische Nr. 1).

Im Sommer 1943 übernahm Himmler wallonische Freiwillige in die Waffen-SS. Aus der 5. SS-Freiwilligen-Sturmbrigade „Wallonien" wurde im Februar 1945 die 28. SS-Freiwilligen-Grenadier-Division „Wallonien" (wallonische Nr. 1).

Im Spätsommer 1944 wurde die Waffen-Grenadier-Brigade der SS „Charlemagne" (französische Nr. 1) aufgestellt, die im Februar 1945 zur 33. Waffen-Grenadier-Division der SS „Charlemagne" (französische Nr. 1) aufgestockt wurde.

Im Herbst 1943 wurde das SS-Grenadier-Regiment 1 „Landstorm Nederland" formiert, das schließlich nach Vergrößerung zur Brigade im Februar 1945 die 34. SS-Freiwilligen-Grenadier-Division „Landstorm Nederland" (niederl. Nr. 2) bildete.

Am 6. November 1941 begann die Aufstellung der Freiwilligen-Legionen „Flandern", Niederlande" und „Norwegen" sowie des Freikorps „Danmark" für den *„Kampf gegen den Bolschewismus"*. Schon alleine aus propagandistischen Gründen wurde versucht, eine umfassende Verwendung der Ärmelstreifen zu realisieren. Demgegenüber war das Verhalten des deutschen Rahmenpersonals sehr häufig alles andere als eine Werbung für den Dienst an deutscher Seite. Die wenigsten Freiwilligen verlängerten ihre Verpflichtung nach dem Auslaufen der ersten Verträge.

Interessant bei den Ärmelstreifen für die Legionen sind die zahlreichen Varianten, die hergestellt wurden.

Etwa 3.000 Frauen im Alter zwischen 17 und 30 Jahren wurden ab 1942 auf der Reichsschule-SS Oberehnheim zu SS-Nachrichtenmaiden ausgebildet und trugen hierbei den Ärmelstreifen „Reichsschule-SS".

Sonstige Abzeichen / *Other insignia*

Am 15. Februar 1941 führte die Waffen-SS ein Abzeichen für Gefolgschaftsmitglieder der Waffen-SS ein.[121] Hierbei handelte es sich um nichtvolksdeutsche Zivilpersonen, die als Fahrer, Fuhrmann usw. im Dienst der Waffen-SS standen. Diese trugen dann eine weiße Armbinde mit schwarzem Aufdruck „Im Dienste der Waffen-SS" am linken Oberarm.

Am 15. Juli 1942 folgte zur äußerlichen Kennzeichnung von Sprachmittlern am linken Oberarm eine rosa Armbinde mit schwarzem Aufdruck „Dolmetscher".[122]

Am 15. Mai 1943 genehmigte das SS-FHA eine Ärmelraute mit Abzeichen der Ordnungspolizei (Orpo) am linken Ärmel für Angehörige der Orpo in der Waffen-SS.[123]

On February 15th 1942 the Waffen-SS introduced a badge for employees (Gefolgschaftsmitglieder) of the Waffen-SS[124]. These were non-ethnic German civilians that were employed by the SS as drivers, wagoners and so on. These people wore a white armband with the inscription "Im Dienste der Waffen-SS" (employed by the Waffen-SS) in black on their left upper arm.

On the 15th of July 1942 a pink armband with the inscription "Dolmetscher" (interpreter) in black followed, for the outward distinction of interpreters[125].

On the 15th of May 1942 the SS-FHA authorised a sleeve-rhomb with the insignia of the Ordnungspolizei, Orpo (police), on the left sleeve for members of the Orpo in the Waffen-SS[126].

Bekleidungsstempel / *Clothing stamps*

Zum Nachweis des Herstellers, des Beschaffungsjahres, der Größe, der abnehmenden Dienststelle und der Garnitur wurden SS-eigene Bekleidungs- und Ausrüstungsstücke gestempelt bzw. mit Stoffmarken versehen. Hierbei konnte es sich um Farb- oder Schlagstempel (für Leder) handeln. Die Stempelungen sollten an Rock, Bluse und Mantel auf der linken Innenseite, in den Hosen auf dem rechten Innenbund, in der rechten Innenseite der Mützen und an der rechten Stiefelinnenseite angebracht werden.

Das Anbringen der Firmen- und Größenstempel wurde den Herstellern durch das SS-WVHA vorgeschrieben. Waren Sie in den SS eigenen **B**ekleidungs-**W**erken gefertigt worden, erhielten sie teilweise einen Kastenstempel:

As a proof for the manufacturer, the acquisition year, the size, the receiving branch and the military outfit, SS-own clothing and equipment received a stamp or a cloth mark. It could be a colour stamp or a minted stamp (for leather). For tunics, coats and shirts the stamp was on the left inner side, on the trousers on the left inner side of the waistband, on the caps and on the boots on the right inner side.

The business- and size-stamp was stipulated for the manufacturers by the SS-WVHA. If the pieces were manufactured by the SS-own **B***ekleidungs-***W***erke (clothes-manufacturing), sometimes they received a box stamp:*

ᛋᛋ-BW

oder einen länglichen Stempel, der den Code des Herstellers zeigte. In den SS-Bekleidungslagern wurden die Gegenstände dann mit dem Beschaffungsjahr versehen. Die Angabe der Größe erfolgte bei den Feldblusen wie folgt:

or an oblong stamp that showed the code of the manufacturer. The SS-Bekleidungslager then inscribed the acquisition year into the pieces of equipment. The size for battle dresses was indicated as follows:

100		40	Rückenlänge – *length of back*	Kragenweite – *collar size*
	97		Brustumfang – *chest width*	
90		64	Leibweite – *waist*	Ärmellänge – *sleeve length*

[121] V. Bl. d. Waffen-SS vom 15. Februar 1941, Ziffer 601
[122] V. Bl. d. Waffen-SS vom 15. Juli 1942, Ziffer 194
[123] V. Bl. d. Waffen-SS vom 15. Mai 1943, Ziffer 181
[124] *V. Bl. of the Waffen-SS from February 15th 1941, number 601*
[125] *V. Bl. of the Waffen-SS from July 15th 1942, number 194*
[126] *V. Bl. of the Waffen-SS from May 15th 1943, number 181*

Bei den Hosen kennzeichneten die Zahlen folgendes:

For the trousers the numbers indicated the following:

90	90	Schrittlänge – *crotch measurement*	Leibweite – *waist*
115	100	Seitenlänge – *leg length*	Gesäßweite – *seat width*

Als Garnituren wurden Bekleidungsstücke mit gleichem Tragewert bezeichnet und in römischen Ziffern I–IIII angegeben. Hier war I der beste Zustand und IIII der schlechteste. Die Bekleidung sollte prinzipiell einmal jährlich kontrolliert und gegebenenfalls durch Zustempelung einer I neu bewertet werden.

Items of clothing of the same wearing value were called a set and specified with Roman numerals from I to IIII. Here I indicated the best condition and IIII the poorest. The clothing generally was supposed to be checked once a year and, if applicable, newly valued with the addition of a I.

Pflege der Bekleidung / *Care of clothing*

Bei den folgenden Ausführungen können die Aussagen auf die Pflege heutiger Sammlungsexponate übertragen werden.

Die Tuchsachen, wie z.B. der Dienstrock, waren möglichst nicht zu waschen. Sie sollten durch Klopfen oder Bürsten gereinigt werden. Flecken waren mit Waschbenzin zu entfernen. Das Innenfutter konnte mit einer weichen Bürste und Seife gereinigt werden, wobei darauf zu achten war, daß das Wasser nicht durch das Tuch nach außen drang.

Drillichzeug war – am besten über Nacht – in einer kalten Sodalauge (Bleichsoda) einzuweichen und danach in kaltes Wasser zu legen, in dem Waschmittel aufgelöst war. Schmutzige Stellen sollten vorher mit Seife abgerieben werden. Schließlich war das Wasser langsam zum Kochen zu bringen und so lange zu spülen bis das Wasser klar blieb.

Wollsachen, wie z.B. Socken oder Kopfschützer, durften nur in lauwarmer Seifenlauge gewaschen werden. Kochen war verboten, da die Sachen sonst verfilzten.

Lederzeug – insbesondere das Schuhwerk – hatte mindestens einmal wöchentlich mit Lederöl oder Lederfett behandelt zu werden. Übermäßiges Einfetten war zu vermeiden, da sonst das durchdringende Fett die Schuhe innen verschmutzte und dann bei warmer Jahreszeit Brennen oder Wundlaufen verursachte. Die Sohlen und Absätze sollten mit Leinölfirnis bestrichen werden.

The following instructions can still be used for the care of collected regalia as well.

The clothes of cloth, like for example the service coat, were not to be washed as far as possible. They should be cleaned by brushing or beating. Stains were to be removed with cleaner's naphtha. The lining could be cleaned with a soft brush and soap, while taking care that the water did not penetrate to the outer layer of cloth.

The fatigues were to be soaked – best overnight – in a cold soda wash (bleach soda) and then to be put in cold water with dissolved washing powder. Dirty patches should be rubbed off with soap before. Finally the water should slowly be brought to the boil and then the suit was to be rinsed until the water stayed clear.

Wool garments, like for example socks or head protection could only be washed in lukewarm soapsuds. Boiling was forbidden since the garments would mat.

Leather garments, especially shoes, had to be treated with leather oil or leather grease at least once a week. Excessive greasing was to be avoided since the superfluous grease would soil the shoes on the inside which caused sores on the feet in warm weather. The soles and the heels were to be rubbed with linseed-oil.

Dienstgrad-Kragenspiegel

Dienstgrade Waffen-SS/Heer 1944
Ranks Waffen-SS/army 1944

SS-Angehörige *SS-members*	**fremdvölkische Angehörige der Waffen-SS** *ethnic members of the Waffen-SS*[127]		**Heer** *army*
SS-Grenadier	Freiwilligen-Grenadier	Waffen-Grenadier	Grenadier
SS-Sturmmann	Freiwilligen-Sturmmann	Waffen-Sturmmann	Gefreiter
SS-Rottenführer	Freiwilligen-Rottenführer	Waffen-Rottenführer	Obergefreiter
SS-Unterscharführer	Freiwilligen-Unterscharführer	Waffen-Unterscharführer	Unteroffizier
SS-Scharführer	Freiwilligen-Scharführer	Waffen-Scharführer	Unterfeldwebel
SS-Oberscharführer	Freiwilligen-Oberscharführer	Waffen-Oberscharführer	Feldwebel
SS-Hauptscharführer	Freiwilligen-Hauptscharführer	Waffen-Hauptscharführer	Oberfeldwebel
SS-Untersturmführer	Freiwilligen-Untersturmführer	Waffen-Untersturmführer	Leutnant
SS-Obersturmführer	Freiwilligen-Obersturmführer	Waffen-Obersturmführer	Oberleutnant
SS-Hauptsturmführer	Freiwilligen-Hauptsturmführer	Waffen-Hauptsturmführer	Hauptmann
SS-Sturmbannführer	Freiwilligen-Sturmbannführer	Waffen-Sturmbannführer	Major
SS-Obersturmbannführer	Freiwilligen-Obersturmbannfhr.	Waffen-Obersturmbannführer	Oberstleutnant
SS-Standartenführer	Freiwilligen-Standartenführer	Waffen-Standartenführer	Oberst
SS-Oberführer	Freiwilligen-Oberführer	Waffen-Oberführer	–
SS-Brigadeführer	Freiwilligen-Brigadeführer	Waffen-Brigadeführer	Generalmajor
SS-Gruppenführer	Freiwilligen-Gruppenführer	Waffen-Gruppenführer	Generalleutnant
SS-Obergruppenführer	Freiwilligen-Obergruppenführer	Waffen-Obergruppenführer	General
SS-Oberstgruppenführer	–	–	Generaloberst

Freiwillige aus Dänemark (links) und aus Norwegen (rechts) mit ihren jeweiligen Landesschilden.
The badges show the volunteers to be from Danmark (left) and from Norway (right).

[127] Ausländer, die im Rahmen von Waffenverbänden der SS dienten und nicht die Ordenstauglichkeit besaßen, trugen zunächst die Bezeichnung „Freiwilliger" und ab Juni 1944 dann den Vorsatz „Waffen-" zu ihrem Dienstgrad.
Foreigners that were employed by the armed units of the Waffen-SS and were not order-qualified, initially bore the description "volunteer", and from June 1944 bore the addition "Waffen-" with their rank.

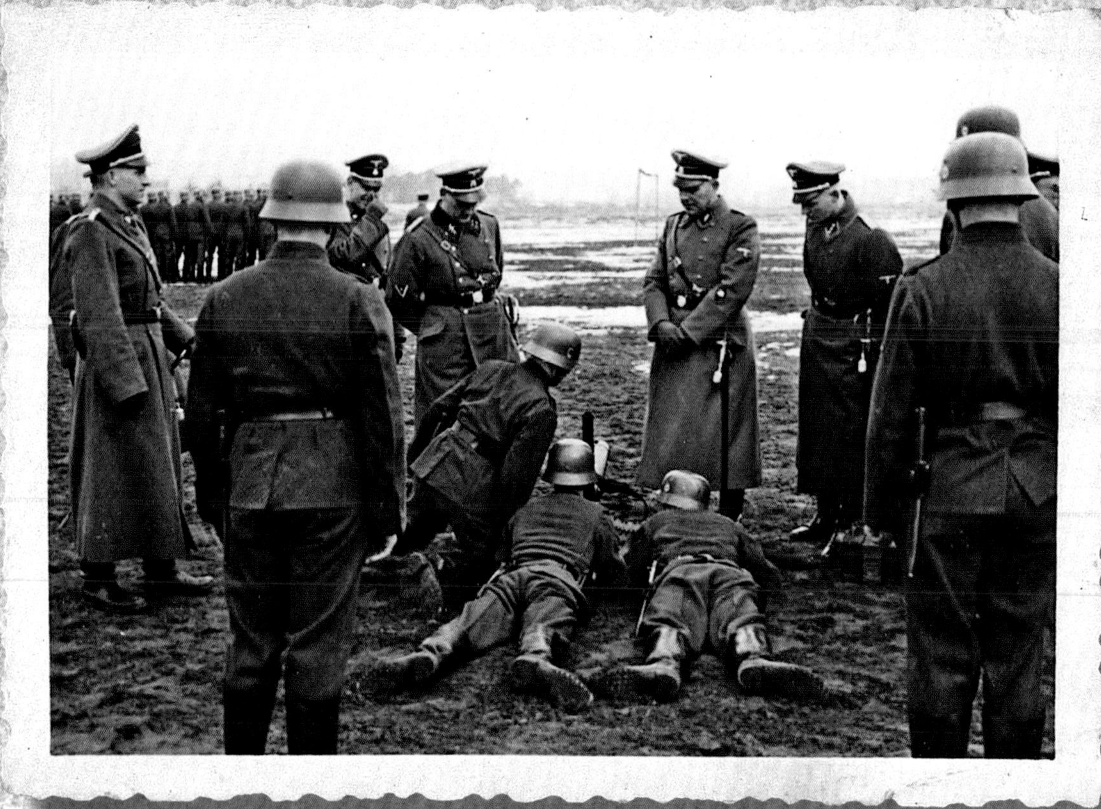

Der SS-Führer in der Mitte trägt ein Ärmelabzeichen, das ihn als Offizier der SS-Totenkopf-Verbände ausweist.
The SS-Führer in the middle is wearing insignia on his sleeve identifying him as an officer of the SS-Totenkopf-Verbände.

Zu beachten ist die Tragevariante der Schnalle unter der Tarnjacke (Soldat auf der linken Seite). Der zweite Mann von rechts ist durch die Insignien am linken Ärmel als Angehöriger der Polizei im Dienste der Waffen-SS kenntlich.
Notice the variation of wearing the buckle under the camouflage smock (soldier on the left side). The second man to the right is wearing the insignia for members of the police serving in the Waffen-SS on the left sleeve.

Schild einer Ausrüstungsstelle der Reichszeugmeisterei der NSDAP.
Sign of a sales department of the NSDAP.

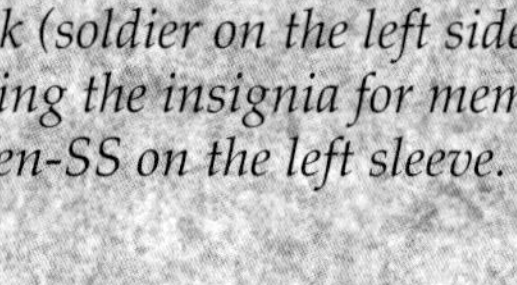

Bekleidungsetikett für Uniformen der SS.
Cloth labels for SS-own uniforms (or parts).

Dieser SS-Unterscharführer trägt ungewöhnlicherweise gleich zwei Ärmelbänder auf seinem Mantel.
Unusually, this SS-Unterscharführer is wearing two cufftitles on his overcoat.

Dieser SS-Oberführer ist durch die silbernen Streifen als Angehöriger der Reichsführung-SS kenntlich.
The silver stripe identifies this SS-Oberführer as a member of the Reichsführung-SS.

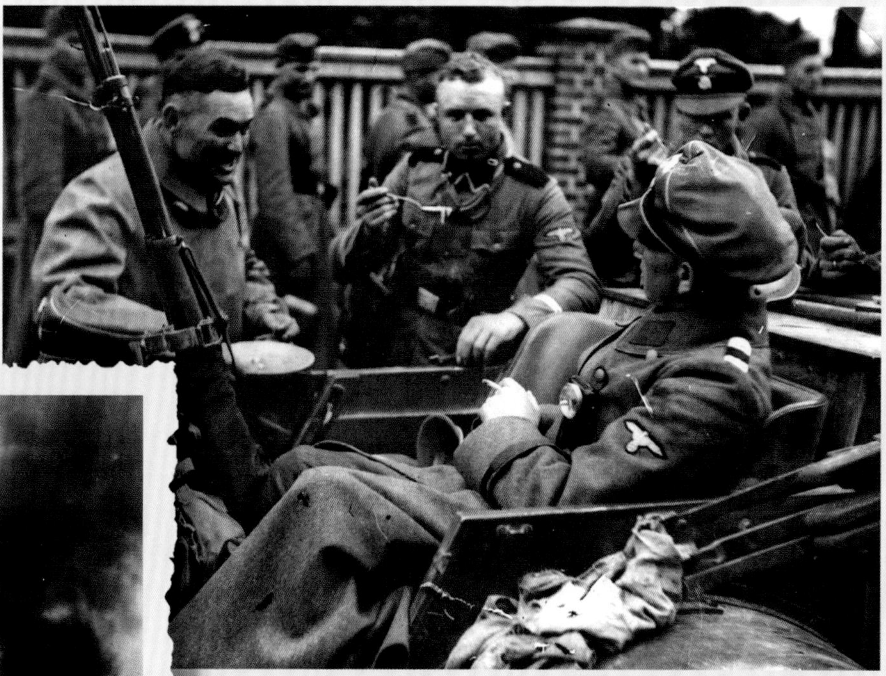

Diese SS-Männer haben ihre Kragenspiegel und Ärmelbänder getarnt, um dem Feind die Identifizierung ihrer Einheitszugehörigkeit zu erschweren.
These SS-men have covered their collar patches and cufftitles so the enemy could not recognise which unit they belonged to.

Landesschilde – *Sleeve shields*

Niederlande

Dänemark

Norwegen

Flandern

Frankreich

Wallonien

Lettland

Estland

Kroatien

Galizien - Ukraine

Rußland

Italien

England

Der einzige Ärmelstreifen der Waffen-SS, dessen Schrift auf grünem Grund stand.
The only cufftitle of the Waffen-SS which had white writing on green ground.

Schulterklappe eines SS-Gruppenführers
Shoulder strap, SS-Gruppenführer.

Schulterklappen für SS-Hauptscharführer
Shoulder straps for SS-Hauptscharführer.

Das Edelweiß-Abzeichen für Gebirgstruppen – zu tragen auf dem rechten Oberarm.
Edelweiss insignia for mountain troops – worn on the right upper arm.

Ärmeladler der SS
SS-sleeve eagle

Oberarm-Dienstgradabzeichen für SS-Obersturmführer
Upper arm rank insignia, SS-Obersturmführer.

SS-Dienstrock (Drillich)
SS-service tunic (denim)

Schön erkennt man hier die gewebten Etiketten mit dem Fertigungsdatum und dem Hinweis auf die Ausführung gemäß Reichsführer-SS.
Notice the woven labels with the date of manufacture and the reference to that the design was in accordance with the Reichsführer-SS.

Einheitsfeldmütze 1943 (Drillich) ohne Hoheitsadler.
Regular field cap 1943 (denim) without eagle.

Eine späte Fertigung der Einheitsfeldmütze. Man beachte die Ausführung des gestickten Adlers und Totenkopfes auf „feldgrauem" Stoffdreieck.
A late manufacturing of the regular field cap. Notice the embroidred eagle and death's head on "field grey" cloth triangle.

Feldmütze n.A. für sonstige Dienstgrade.
Forage cap (new type) for other ranks.

Diese fellgefütterte Feldmütze war kein offizielles Bekleidungsstück.
This fur-lined field cap was not an official piece of clothing.

Feldmütze, getarnt (Eichenlaubmuster)
Field cap, camouflaged (oakleaf pattern)

Feldmütze, getarnt (Eichenlaubmuster)
Field cap, camouflaged (oakleaf pattern)

Feldmütze, getarnt (Platanenmuster)
Field cap, camouflaged (plane-tree pattern)

Graugrünes Stoffhemd mit Kragen.
Grey-green shirt with collar.

Feldbluse 1940 für einen Artilleristen der Leibstandarte-SS „Adolf Hitler" (rote Waffenfarbe)
Battle dress 1940 for an artilleryman of the Leibstandarte SS "Adolf Hitler" (red colour of arms)

Jacke des grauen Feldanzuges für Angehörige der Sturmgeschütz- und Panzerjägereinheiten. Gut erkennbar die Rangabzeichen eines SS-Hauptsturmführers. Darunter ein sog. „Braunhemd".
Jacket of the grey field suit for members of the assault gun crews and anti-tank units. Notice the rank insignia of an SS-Hauptsturmführer. Underneath the so called "brown shirt".

Uniform eines estnischen Waffen-Obersturmführers: Feldbluse 1935 aus feinem Stoff, Reithosen mit Lederbesatz und Reitstiefel.
Uniform of an Estonian Waffen-Obersturmführer: Battle dress 1935 made of fine cloth, ridig-breeches with leather facings and riding boots.

Parka 1943 (italienische Tarnung)
Parka 1943 (Italian camouflage)

Fallschirmjägerhelm der Luftwaffe (Modell 1936).
Paratrooper helmet of the air force (Model 1936).

„Knochensack" (Splittertarnmuster)
Jump-smock (splinter pattern camouflage)

Tarnjacke 2. Modell (Platanenmuster). Man beachte die Nr. „2“ auf dem linken Ärmel.
Camouflage smock 2nd model (plane-tree pattern). Notice the no. "2" on the left sleeve.

Tarnjacke 2. Modell (Palmenmuster). Die Jacke wurde gekürzt.
Camouflage smock 2nd model (palm-tree pattern). The smock was shortened.

Hier sieht man das Mückennetz über der Feldmütze, getarnt, sowie die Tarnjacke (Platanenmuster) über einer Feldbluse 1935 (dunkelgrüner Kragen). Der Kragenspiegel weist auf die 20. Waffen-Grenadier-Division der SS (estnische Nr. 1) hin.
Here you can see the mosquito veil over a field cap (camouflaged) and a camouflage smock (plane-tree pattern) over a battle dress 1935 (dark green collar). The collar patch indicates it as belonging to the 20th Waffen-Grenadier-Division of the SS (Estonian no. 1).

Tarnjacke 2. Modell (verschwommene Konturen-Muster).
Camouflage smock 2nd model (blurred edge pattern).

Tarnjacke 3. Modell (verschwommene Konturen-Muster).
Man beachte die aufgesetzten Unterarme mit Platanenmuster!
Camouflage smock 3nd model (blurred edge pattern).
Notice the attached lower arms in plane-tree pattern!

Eine Frontfertigung aus verschiedenen Zeltplanen (Platanen- und Eichenlaubmuster).
A front manufacturing made of various canvasses (plane-tree- and oakleaf pattern).

Hier ebenfalls eine ungewöhnliche Fertigung: Im Schnitt der Keilhose gefertigt, wurde Zeltbahnstoff (verschwommene Konturen-Muster) verwendet.
An equally unusual manufacturing:
These trousers in the cut of the tapered trousers were made of canvasses (blurred edge pattern).

Drillichanzug, getarnt, für Panzerbesatzungen (Eichenlaubmuster).
Fatigue dress, camouflaged, for tank crews (oakleaf pattern).

Tarnkombination für Panzerbesatzungen (Platanenmuster).
Camouflage combination for tank crews (plane-tree pattern).

Lederbekleidung für Panzerbesatzungen der Leibstandarte SS „Adolf Hitler“.
Leather suit for tank crews of the Leibstandarte SS "Adolf Hitler".

Frontfertigung ohne Kapuze mit vier aufgesetzten Taschen (Platanenmuster).
Front manufacturing without hood, with four appliquéd pockets. (Plane-tree pattern)

Bei dieser Jacke (Eichlaubmuster) wurde die Kapuze abgetrennt.
From this jacket (oakleaf pattern) the hood was cut off.

Offizielle Ausführung (Eichenlaubmuster).
Official model (oakleaf pattern).

Ausführung der Wehrmacht.
Army model.

Hose des Winter-Tarnwende-
anzuges (Eichenlaubmuster).
Trousers of the reversible winter camouflage suit (oakleaf pattern)

Jacke des Winter-Tarnwendeanzuges (verschwommene Konturen-Muster).
Jacket of the reversible winter camouflage suit (blurred edge pattern)

Gut erkennbar die unterschiedlichen Tarnmuster sowie die weiße Stoffseite.
The various camouflage patterns and the white cloth side are well distinguishable.

Jacke des Winter-Tarnwendeanzuges (Eichenlaubmuster).
Man beachte den unterschiedlichen Stoff der Ärmel.
Jacket of the reversible winter camouflage suit (oakleaf pattern).

Handschuhe des Winter-Tarnwendeanzuges (verschwommene Konturen-Muster).
Gloves of the reversible winter camouflage suit (blurred edge pattern).

Kopfhaube des Winter-Tarnwendeanzuges (Eichenlaubmuster).
Balaclava of the reversible winter camouflage suit (oakleaf pattern)

Kopfhaube des Winter-Tarnwendeanzuges (Erbsentarnmuster).
Balaclava of the reversible winter camouflage suit (polka dot pattern).

Trageweise der Kopfhaube unter dem Stahlhelm.
Manner of wearing the balaclava under the steel helmet.

Drillichanzug, getarnt, 1944 (Erbsentarnmuster).
Fatigue dress, camouflaged, 1944 (polka dot pattern).

Vorderseite
Front

Rückseite
Back

Drillichanzug, getarnt, 1945 (Leibermuster).
Fatigue dress, camouflaged, 1945 (Leiber pattern).

Größenstempel auf der linken, unteren Innenseite.
Size stamp on the left, low on the inside.

Stempel des Herstellercodes und der Größenangaben auf dem linken Taschenbeutel in der Hose.
Stamp with the manufacturers code and the size on the left trouser pocket.

Zeltplanen
Canvasses

Platanenmuster Nr. 1
Plane-tree pattern no. 1

Frühjahr
spring

Herbst
autumn

Eichenlaubmuster
Oakleaf pattern

Frühjahr
spring

Herbst
autumn

Eichenlaubmuster
Oakleaf pattern

Frühjahr
spring

Herbst
autumn

Waffenfarben / *Colour of arms*

Im Dezember 1939 übernahm die Waffen-SS die Waffenfarben der Wehrmacht. Sie wurden als Paspelierungen an den Dienstmützen und den Schulterklappen angebracht. Da die bisherige schwarze Tuchunterlage bei den Tressen der Führer keinesfalls wegfallen sollte, wurde die Waffenfarbe hier zwischen der Tresse und der Unterlage eingenäht. Bei den sonstigen Dienstgraden wurde die Paspelierung entlang des Randes angebracht und löste die allgemein verwendete weiß-graue Paspelierung ab.

In the December of 1939 the Waffen-SS took over the colours of arms of the Wehrmacht. It was used in the piping on the service caps and shoulder straps. Since the previous black fabric for the Führer insignia should not be abandoned in any case, the colour of arms was attached between the braid and the ground. For the other ranks the piping was attached along the border and replaced the former white-grey piping.

Weiß – *white*
Infanterie – *Infantry*

Hellblau – *light-blue*
Versorgung – *Supply*

Kornblumenblau – *cornflower-blue*
Sanitäter – *Medics*

Schwarz – *black*
Pioniere – *Pioneers*

Dunkelgrau – *dark grey*
Persönlicher Stab RF-SS

Hellgrau – *light grey* / Führer im Generalsrang – *Führer with rank of general*

Hellbraun – *light brown*
Konzentrationslager – *Concentration camps*

Hochrot – *bright red*
Artillerie und Flak – *Artillery and anti-aircraft*

Karmesinrot – *carmesin-red*
Veterinäre – *Veterinarians*

Rosa – *pink*
Panzer / Panzerjäger – *Tanks/Panzerjäger*

Orangerot – *orange-red*
Feldgendarmerie – *Military police*

Kupferbraun – *coppery brown*
Aufklärung – *Reconnaissance*

Hellrosa – *light pink*
Kraftfahrtruppen – *Motorised troops*

Goldgelb – *golden-yellow*
Reiter – *Cavalry*

Zitronengelb – *lemon-yellow*
Kriegsberichter – *front-line reporters*

Wiesengrün – *grass-green*
Gebirgstruppen – *Mountain troops*

Lichtgrün – *bright green*
Sicherheitsdienst – *Security service*

Bordeauxrot – *Bordeaux-red*
Gerichtsdienste – *Court services*

Abkürzungs- und Quellenverzeichnis
Abbreviations and sources

a.A.	alter Art	old type / 1st model
n.A.	neuer Art	new type / 2nd model
H. V. Bl.	Heeresverordnungsblatt	army regulations
KL	Konzentrationslager	concentration camp
OKW	Oberkommando der Wehrmacht	high command of the Wehrmacht
RFSS	Reichsführer-SS	Reichsführer-SS (Himmler)
SD	Sicherheitsdienst	security service
SS	Schutzstaffel	Schutzstaffel
SS-FHA	SS-Führungshauptamt	primary SS command organisation
SS-TV	SS-Totenkopf-Verbände	SS-death's-head units
SS-VT	SS-Verfügungs-Truppe	SS special service troop
SS-WVHA	SS-Wirtschafts- und Verwaltungshauptamt	SS-economy and administration head quarter
V. Bl. d. Waffen-SS	Verordnungsblatt der Waffen-SS	regulations of the Waffen-SS

d'Alquen, Gunter: Die SS, Berlin 1939
SS-Dienstvorschrift Nr. 23: Vorschrift über die Bekleidungswirtschaft der SS-Verfügungstruppe
SS-Kleiderkasse: Verkaufskatalog 1940
SS-Befehlsblatt, Berlin 1932–1943
Verordnungsblatt der Waffen-SS, Berlin 1940–1945
ohne: Der Soldatenfreund 1943, Ausgabe D: Waffen-SS, Hannover o.J.

Inhalt

Contents

DIE WAFFEN-SS IN WORT UND BILD

WENN ALLE BRÜDER SCHWEIGEN
Großer Bildband über die Waffen-SS
604 S. – 1.116 Fotos, Karten, Uniformtafeln – geb. im Atlas-Großformat – € 65,–. – Der Opfergang aller 38 Divisionen.

RUDOLF LEHMANN
DIE LEIBSTANDARTE IM BILD
320 S., viele s/w. Abb., Text deutsch und englisch, geb. im Atlas-Großformat – € 36,80. – Der älteste Truppenteil der Waffen-SS.

„LEIBSTANDARTE" IN GRIECHENLAND
Das I. Bataillon im Unternehmen „Marita" 1941
240 S. – viele s/w. Abb. – geb. im Atlas-Großformat – € 32,80. – Herausragende Fotos von der SS-Kriegsberichter-Kompanie.

OTTO WEIDINGER
DIVISION „DAS REICH" IM BILD
288 S. – über 1.000 s/w. Abb. – Text dt. u. engl. – geb. im Atlas-Großformat – € 36,80. – Eine eindrucksvolle Dokumentation von allen Kriegsschauplätzen.

OTTO KUMM
DIE 7. SS-GEBIRGS-DIVISION „PRINZ EUGEN" IM BILD
240 S. – viele s/w. Abb., u. farb. Karten – geb. im Atlas-Großformat – € 32,80. – Der Kampf gegen Partisanen in den Schluchten des Balkans.

WIE EIN FELS IM MEER
Kriegsgeschichte der 3. SS-Panzerdivision „Totenkopf"
Der Weg der Division von der Aufstellung 1939 über den Westfeldzug und die Einsätze an den Brennpunkten der Ostfront – Kessel von Demjansk, Charkow, Kursk, Warschau, Ungarn – bis zur Kapitulation. **Textband:** 420 S. – viele s/w. Abb. u. farb. Karten – geb. im Atlas-Großformat – € 44,80. **Bildband:** 320 S. – viele s/w. Abb. – Text dt.-engl. – geb. im Atlas-Großformat – € 36,80. Zusammen € 69,80.

HUBERT MEYER
12. SS-PANZER-DIVISION „HITLERJUGEND"
876 S. – 270 Fotos, 18 farb. Landkarten – geb. im Atlas-Großformat – € 69,80. – Das „letzte Aufgebot" gegen die Invasion in der Normandie.

SYLVESTER STADLER
OFFENSIVE GEGEN KURSK
Das II. SS-Panzerkorps als Stoßkeil im Großkampf
280 S. – viele s/w. Abb. u. farb. Karten – geb. im Atlas-Großformat – € 36,80. – Die größte Panzerschlacht der Geschichte.

FRONTKÄMPFER
SS-Panzergrenadier-Regiment 3 „Deutschland"
320 S. – viele s/w. Abb. – geb. im Atlas-Großformat – € 36,80. – Das Buch schildert Einsätze in fesselnden Berichten, die von den Soldaten selbst stammen.

DIE GUTEN GLAUBENS WAREN
4. SS-Polizei-Panzergrenadier-Division im Bild
224 S. – viele s/w. Abb. – geb. im Atlas-Großformat – € 29,80. – Ein bleibendes Denkmal für Tapferkeit und Kameradschaft.

„WIKING" IM OSTEN
Das SS-Panzer-Regiment 5 im Bild
200 S. – viele s/w. Abb. – geb. im Atlas-Großformat – € 29,80. – Die Einsatzgeschichte dieses wohl ersten multinationalen Verbandes der Welt auf fast 400 Fotos.

EDITION ZEITGESCHICHTE

Edition Zeitgeschichte • Postfach 52 • 24236 Selent • Tel.: 04384/59700 • Fax: 04384/597040

ZEITGESCHICHTE IN WORT UND BILD

BEFEHL
DES GEWISSENS
Charkow – Winter 1943
348 S. – viele s/w. Abb. und farb. Karten – geb. im Atlas-Großformat – € 36,80. – Ein unverstellter Blick auf die damaligen Ereignisse.

ROLF MICHAELIS
UNIFORMABZEICHEN DER WAFFEN-SS
Schulterklappen, Kragenspiegel, Armschilde, Ärmelstreifen
76 S. – viele farb. u. s/w. Abb. – geb. im Atlas-Großformat – € 22,80.

PETER SCHUSTER (HRSG.)
SS-STURMBANNFÜHRER HELMUT SCHREIBER
Hitlerjugend-Führer, Ritterkreuzträger, Träger der Nahkampfspange in Gold.
160 S. – s/w. Abb. – geb. im Atlas-Großformat – € 22,80.

E.G. KRÄTSCHMER
DIE RITTERKREUZ-TRÄGER DER WAFFEN-SS
832 S. – viele s/w. Abb. – geb. im Großformat – € 49,80. – Dieses Werk stellt alle 465 im 2. Weltkrieg ausgezeichneten Soldaten der Waffen-SS vor.

LÉON DEGRELLE
DIE VERLORENE LEGION
Die Wallonische Legion und die SS-Division „Wallonien" im Kampf
544 S. – viele s/w. und farb. Abb. – geb. im Großformat – € 29,80. – Der verzweifelte Kampf der wallonischen Freiwilligen wird hier mitreißend geschildert.

HELMUT BÜCH
80 NAHKAMPFTAGE
Kradschütze in der SS-„Totenkopf"-Division
224 S. – viele s/w. Abb. – geb. im Großformat – € 25,95. – Die packenden Erinnerungen eines hochausgezeichneten Einzelkämpfers an den Brennpunkten des Krieges.

MICHAEL REYNOLDS
EIN GEGNER WIE STAHL
Das I. SS-Panzerkorps in der Normandie 1944
304 S. – viele s/w. Abb. – geb. im Großformat – € 25,95. – Der britische Generalmajor schildert den Kampf der „Leibstandarte SS Adolf Hitler" und der Division „Hitlerjugend" in der Normandie.

JEAN MABIRE
BERLIN IM TODESKAMPF 1945
Französische Freiwillige der Waffen-SS als letzte Verteidiger der Reichskanzlei
400 S. – viele s/w. Abb. – geb. im Großformat – € 25,95. – Erschütternde Schilderung des Endkampfes um Berlin.

KURT PFÖTSCH
DIE HÖLLE VON KURSK
SS-Grenadiere 1943 im Kampf.
256 S. – s/w. Abb. – geb. im Großformat – € 25,95. – Grenadiere im Unternehmen „Zitadelle", dem deutschen Angriff auf den Frontbogen von Kursk.

WILHELM TIEKE
TRAGÖDIE UM DIE TREUE
Kampf und Untergang des III. (germ.) SS-Panzer-Korps
248 S. – s/w. Abb. – geb. im Großformat – € 22,80. – SS-Freiwillige werfen ihr junges Leben im Kampf gegen den Bolschewismus in die Waagschale.

RÜDIGER W.A. FRANZ
KAMPFAUFTRAG: „BEWÄHRUNG"
Das SS-Fallschirmjäger-Bataillon 500/600 1943–1944
384 S. – viele s/w. Abb. – geb. im Großformat – € 25,95. – Die Einsätze einer Bewährungseinheit der Waffen-SS.

HERMANN NIEDERLEIG
MIT DER LEIBSTANDARTE AM FEIND
Meine Fronteinsätze bei der „Leibstandarte SS Adolf Hitler" und der 25. Waffen-Grenadier-Division der SS „Hunyadi"
192 S. – viele s/w. und farb. Abb. – geb. im Großformat – € 24,–.

EDITION ZEITGESCHICHTE

Edition Zeitgeschichte • Postfach 52 • 24236 Selent • Tel.: 04384/59700 • Fax: 04384/597040